DU MÊME AUTEUR

Mallarmé, essai, Hatier, 1974.

La Mémoire brûlée, roman, Le Seuil, 1979.

Lalibela ou La Mort nomade, roman, Ramsay, 1981.

L'Heure des adieux, roman, Le Seuil, 1985.

Le Passage des Princes, roman, Ramsay, 1988.

Les Quartiers d'hiver, roman, Gallimard,
Prix Médicis, 1990, folio n° 2428.

Le Silence des passions, roman, Gallimard,
Prix Valery Larbaud, 1994.

HAUTE ENFANCE

Collection dirigée par Colline Faure-Poirée et René de Ceccatty

JEAN-NOËL PANCRAZI

MADAME ARNOUL

GALLIMARD

I

Le soir, madame Arnoul venait me rejoindre sur le banc, au fond de la cour, où s'inclinaient les ombres des draps soulevés, au-dessus de nous, sur la terrasse, par le vent des Aurès. Ils étaient si nombreux à sécher qu'une ville entière paraissait habiter ce périmètre d'escaliers, de galeries et de vérandas surplombant les jardins du Stand et qu'on appelait partout la Maison. Elle ne partait pas, comme les voisines, se promener sous les palmiers des allées Bocca — elle qu'on continuait à considérer un peu comme une étrangère, non pas tant à cause de son goût du silence, de son absence aux kermesses et apéritifs collectifs (sauf le matin de la Pentecôte, qui représentait pour elle le seul jour de fête dans l'année où, endimanchée, elle s'aventurait jusqu'au square Lamoricière et, se frayant un passage parmi les élégantes des hauts plateaux, prenait à son tour une part de la mouna géante sur les tréteaux alignés entre les haies de lauriers-roses) que pour son accent d'Alsacienne arrivée dans son adolescence à Batna et qu'elle n'avait jamais vraiment cherché à atténuer.

Elle descendait, presque en secret, l'escalier à droite, me demandait toujours, en rabattant les pans de son peignoir avec ses mains rougies par la poignée du fer à repasser qu'elle avait manié toute la journée, si elle pouvait s'asseoir à mes côtés. Elle ne me disait rien, se contentait de me regarder ouvrir mes cahiers et commencer mes exercices à la lueur de la lampe-tempête dont les reflets atteignaient à peine — lorsque le sirocco la balançait — le vieil entrepôt de grains et le seuil de l'ancien établi de son mari d'où continuait à émaner une odeur de copeaux humides, de cambouis froid et de rustines brûlées. Elle ne me reprochait pas — ainsi que le faisaient parfois les voisines — d'être trop studieux, de n'être pas parti courir, avec mes camarades, vers la colline du fortin ou les ravins du Rhoufi, de rester sourd aux appels de Bambi qui, depuis le rebord du haut mur de ciment mitoyen où elle se juchait, m'appelait en agitant un bouquet de fleurs de son jardin, et, quelques instants plus tard, accentuait

10

le grincement de sa balançoire pour aiguiser mon regret de ne pas l'avoir rejointe.

Elle avait peur que je ne m'abîme les yeux à travailler ainsi dans la pénombre, et c'était elle qui — une fois que j'avais terminé — refermait mon cahier et me passait la main dans les cheveux pour calmer mon appréhension de remonter vers l'appartement où, entre mes parents, alternaient les querelles et les silences de tension glacée. Quand le ciel prenait la couleur des dunes blondes du désert, qui s'étendait après les gorges d'El-Kantara, elle regardait les premières ombres glisser sur les pentes de la montagne d'albâtre tandis que s'éclairaient la Maison forestière du Tougguert et les villages au bord des falaises de cèdres. Elle suivait la naissance des lumières des appartements autour de la cour, de moins en moins intenses ou raffinées à mesure qu'on allait vers le nord. Il y avait d'abord le miroitement des lustres, pareils à des ailes de cygnes illuminés, sous lesquels évoluaient, dans le plus bel appartement — celui des Sage — les deux bonnes : elles s'affairaient davantage quand elles entendaient claquer les portières de la D.S. noire d'où descendait, avec la nonchalance avantageuse du seul chirurgien de la ville, monsieur Sage, suivi par sa femme qui balançait le carton d'un nouveau tailleur. Puis c'était l'éclat des lampadaires du grand salon de l'appartement mitoyen où madame Vizzavona se préparait à recevoir ses clientes-amies du magasin du Louvre qu'elle représentait à Batna. Sous le néon de sa cuisine, ma mère commençait à corriger les devoirs de ses élèves musulmans de l'école du Stand : elle s'escrimait à mériter son récent diplôme d'instructrice et à conquérir à la Maison un rang que ne nous aurait pas assuré le petit emploi de mon père à la minoterie dont monsieur Vizzavona était le directeur. Les lumières étaient plus tardives et étouffées chez les Victor, comme s'ils voulaient maintenir, en bas, une pénombre de temple poussiéreux autour de l'aïeule qui, rivée, énorme et triste, à sa chaise de paille, ne bougeait que pour actionner le bras du tourne-disque où elle passait, à longueur de journée, le même Ave Maria. On ne l'apercevait qu'une fois par an quand elle partait en juin — oscillant sur la litière formée par les bras noués de ses fils — pour sa cure « remboursée » aux bains d'Hammam-Salahine. Elle en revenait, béate de l'ascension des vapeurs des thermes des Saints qui n'avaient pas enlevé la moindre once de chair et encore rutilante des cristaux de soude qui semblaient luire sur ses paupières closes. « Ils faisaient attention », prétendait monsieur Vizzavona, avec le dédain apitoyé de meneur d'une communauté qui jugeait qu'on s'apparentait aux indigènes — ou qu'on risquait de dériver vers eux — dès lors qu'on ne respectait pas au moins une apparence d'aisance ou de désinvolture financière, qu'on n'adoptait pas ce fameux « coulage » en matière de lumières, de vêtements et de voitures, qui était pour lui le garant d'une suprématie européenne et devait en assurer la pérennité.

Un appartement restait obscur : celui de madame Arnoul. On l'appelait l'« appartement du nord » parce que le soleil n'en atteignait jamais le balcon et que ses fenêtres étaient les seules à être dépourvues de stores. Elle espérait toujours, en gardant les yeux levés vers l'angle sombre de la galerie latérale, que des reflets y apparaîtraient : ce serait son mari qui tournerait le commutateur du hall. Mais il ne rentrait pas, comme les autres hommes de la Maison, à la fin de sa journée de travail au garage Perrier. Son visage s'amincissait chaque fois qu'elle entendait les exclamations qui fusaient du terrain de la Boule batnéenne où il jouait, achevait de se crisper quand elle reconnaissait sa voix exultante et rauque qui — au moment où il venait de remporter un tournoi — proposait à ses compagnons de nouvelles tournées au comptoir de la buvette d'où le vent nous amenait des odeurs d'anisette, de poussière mouillée et d'auvents *canopies* roussis. Elle fredonnait une chanson pour dominer_l'écho des verres qui s'entrechoquaient et, plus tard, le crissement des pneus de la voiture qu'il conduisait à toute allure pour rejoindre, au carrefour de la route de Lambèse, l'Établissement dont je ne comprenais pas encore pourquoi les voisines avaient un tel accent de rage soucieuse et d'agressivité inquiète en prononçant un mot aussi neutre.

Lorsqu'on m'appelait pour dîner, elle plaquait sur sa poitrine l'un de mes livres, dont elle aimait respirer les traces d'encre sur la couverture de papier Canson, afin de m'empêcher de partir. Elle ne me le rendait qu'à contrecœur, tenait à le replacer elle-même à l'intérieur du cartable dont elle faisait coulisser très lentement la fermeture Éclair, dans un mouvement de regret et d'affection muette qu'elle ne savait comment prolonger. Elle avait un pauvre sourire chaque fois qu'elle me voyait me lever, traverser la cour et remonter l'escalier d'où je lui adressais — en me retournant presque à chaque marche — des signes d'au revoir, le cœur serré, toujours, de la laisser perdue au fond de la nuit de la cour où se fondaient le rouge fané de son peignoir et bientôt son visage si pâle qu'elle semblait arriver, à l'instant même, d'un pays de brumes glacées. Recouverte par l'ombre, elle devait écouter les bouteilles de vin et de lithiné qu'on débouchait, les commentaires excités, qui fusaient par les fenêtres ouvertes, sur la qualité et l'abondance des plats qu'on amenait sur les tables. Elle se contentait, elle, de la barquette de fèves au coriandre qu'elle allait acheter, en fin d'après-midi, à l'épicerie Buffa, ou des tuiles de miel que lui apportaient régulièrement — enveloppées d'un torchon immaculé — les sœurs Belkhacem : elles lui montraient ainsi leur reconnaissance de les avoir, un jour, défendues contre les insultes du propriétaire du café Boulis, les accusant de ne pas rendre assez clair le sol couleur d'absinthe rouillée qu'elles s'épuisaient à laver.

J'avais toujours hâte que le dîner se terminât car ce serait neuf heures et demie, le moment où elle se postait, comme moi, derrière une fenêtre pour regarder apparaître, au-dessus des collines d'oliviers, le D.C.3 de la compagnie Air Algérie dont les ailes miroitaient sous les sillons d'huile et les plaques de sable qui s'étaient incrustées sur la tôle au cours de l'escale de Biskra. En descendant, il rasait de si près les maisons que les roues paraissaient devoir arracher une part de toit ou de balustrade. Les hublots étaient si éclairés et proches qu'on pouvait distinguer les visages des passagers luxueux qui revenaient de Métropole — ce nom qui m'envoûtait par ses sonorités amicales et hautaines à la fois, et avait pour moi l'odeur d'acajou des comptoirs d'immenses magasins aux escaliers monumentaux et aux galeries circulaires qui montaient jusqu'à un firmament de verre, la clarté de boulevards neutres où, à longueur de jour, déambulait une foule endimanchée et courtoise qui ne haussait jamais le ton. À mes yeux d'enfant habitué aux tornades de sable et de cris, aux tourbillons de poussière de blé, d'insectes et de plaintes énervées, il impliquait l'ordre des jardins et la sagesse des sentiments, la ponctualité du cœur et la vertu du contrôle, le secret des balcons et le vert uni des parcs, la méthode des nuages et la prévision des ciels.

Je m'endormais en rêvant aux rives fraîches, plantées de tilleuls, des fleuves limpides que j'imaginais ne jamais subir de crue. Mais j'étais régulièrement réveillé, au milieu de la nuit, par le dérapage de la voiture de monsieur Arnoul qui revenait de l'Établissement, le raclement du battant du porche qui tardait à s'écarter sous les poussées de son corps ivre, son insistance hagarde à ferrailler dans la serrure de la porte de l'appartement dont il oubliait qu'elle était demeurée ouverte, puis le choc de la cloison sous ses bras jetés en avant. Il basculait sur le lit sans qu'elle se rebellât ou émît le moindre cri de colère pour éviter de troubler davantage le repos de ses voisins. De sa nuit blanche, il ne restait que l'édredon, imprimé de pivoines mauves et grises, que je lui voyais — lorsque je rentrais de l'école, à midi — secouer à n'en plus finir pour effacer la forme du corps de son mari qui s'y était écroulé et faire disparaître au soleil les effluves du parfum criard dont il s'était trempé les cheveux en quittant l'Établissement. Elle ne s'arrêtait de battre l'édredon que lorsqu'elle me sentait approcher. Alors elle me serrait tout contre sa hanche jusqu'à ce que ses tremblements de rage muette s'apaisent derrière le rempart de soie qui la protégeait des regards de compassion ironique des voisines.

J'observais, avant de la quitter, l'état du ciel. Quand, de la fenêtre de la salle de classe, je voyais tomber la pluie, je souhaitais qu'elle continuât, que le ciel se vidât de son poids d'orages et redevînt bleu, au moins à sept heures, quand elle s'assoirait sur le banc à mes côtés. En hiver, je craignais qu'elle ne reculât devant la neige, que j'aimais tant, comme tous ceux qui, immobiles sur les galeries et stupéfaits qu'aucune tache sombre d'arbre ou de promontoire n'apparût sur les pentes des Aurès, tendaient les mains vers les flocons comme pour les retenir au-dessus de la ville, les empêcher d'être aspirés, au-delà des gorges d'El-Kantara, par les souffles brûlants du désert qui les feraient mourir. Dès que les bourrasques s'espaçaient, elle se glissait, dans son manteau brun, entre les draps givrés, descendait l'escalier en se retenant à la rampe pour éviter de déraper sur les marches. Elle allait se réfugier au seuil de l'établi, s'appuyait au bord de l'enclume blanche pour échapper aux boules de neige qu'on lui lançait depuis la terrasse. Puis elle se risquait à traverser la cour et venait me rejoindre près du banc où, l'écharpe plaquée sur les lèvres, elle fermait les yeux, aussi heureuse qu'au cœur d'une forêt de son Alsace natale.

Si j'attendais l'été, malgré la fournaise qui paralysait la ville devenue un faubourg ignoré du désert, où toutes les fontaines étaient éteintes, où les auvents des cafés étaient si flapis et alourdis de poussière noire qu'on aurait dit des pans de catafalques suspendus, c'était parce que — tout le monde étant parti sur la côte — nous restions seuls : la Maison nous appartenait. Vers deux heures, je m'étendais dans les nappes de sable que le sirocco étalait sur la terrasse. Elle allait emplir un seau d'eau froide dans la buanderie et, tout doucement, le versait sur mon corps allongé pour me donner l'illusion d'être pris par une vague. Les yeux fermés, une main plongée dans le sable, je croyais être au bord de la mer, sur une des plages de Métropole dont je m'imaginais qu'elles étaient infinies, sans frontière de falaises, de rochers ou de pins. Elle entrait dans la buanderie, après avoir laissé glisser sur le seuil son peignoir qui aurait toujours l'odeur de fièvre légère et d'eau de Cologne Farina qu'elle achetait au détail à l'épicerie Buffa. Elle refermait la porte mais je devinais derrière la lucarne la blancheur de son bras et du haut de ses épaules quand elle s'asseyait dans le bassin pour y rester immergée jusqu'au soir.

J'étais triste de l'abandonner, les matins d'été où, retirée derrière les volets mi-clos et incandescents, comme si elle ne voulait pas paraître nous envier, elle nous regardait partir pour ces absences d'une journée que mes parents, profitant d'une accalmie entre deux tempêtes de sirocco, appelaient des « voyages ». Nous prenions le train de sept heures, qui ne s'arrêtait qu'une minute, laissait à peine le temps de gravir le marchepied, de lancer devant soi les sacs dans le couloir, et jamais celui de se retourner et d'agiter la main pour dire adieu. Dès notre arrivée à Galbois, la tante Xavière me menait vers les paons centenaires qui, harassés et comme aveugles, tournaient indéfiniment autour du puits asséché, en y recherchant une trace humide. Leurs ailes, qui avaient pris la consistance de parchemins terreux, parvenaient à peine à se déployer sous la pluie de grains qu'elle me demandait de leur jeter avant de me conduire sous le petit chapiteau de toile goudronnée. Elle frappait du bout de sa canne les pattes de ses renards apprivoisés jusqu'à ce qu'ils se mettent à sautiller autour d'elle, enjambant *in extremis* le bâton qu'elle tendait à l'horizontale pour un numéro de cirque épuisé.

Nous allions aussi parfois à Aïn Tasserat rendre visite à l'oncle San Piero. Nous attendions que sa sieste se terminât dans les canapés du salon dont le velours brûlait. Lorsqu'il descendait enfin, il venait nous embrasser sur le front et, après nous avoir offert des oranges glacées, nous invitait à l'écouter jouer au piano des airs qu'il composait — disait-il — entre deux dossiers de police d'assurance dont il continuait à s'occuper après sa retraite. À la fin de ses sonates languissantes, il se levait de son tabouret, complimentait ma mère sur sa « nouvelle » robe — en oubliant qu'elle portait la même, d'année en année — et glissait un billet dans la poche de ma chemisette, pour me récompenser de l'avoir écouté. Le soir, quand le vieil employé nous raccompagnait à la gare dans la calèche qui avait une odeur de gardénia, de crin et de selle brûlée, mon père lui demandait régulièrement de l'arrêter au bord d'un champ de blé : il les soupesait pour évaluer leur degré de maturité, annonçait — d'après leur nuance d'or, la hauteur des tiges et la densité des épis — le jour où il serait bon qu'on les coupât et prévoyait la date exacte où il les verrait apparaître sur les plates-formes des camions des domaines. Ma mère s'impatientait et, dès qu'elle apercevait la moindre ombre dans le ciel pourtant si blanc, comme évanoui, elle prédisait, avec ce pessimisme excédé que la chaleur envenimait, que c'était une armée de sauterelles sur le point de tout ravager ; elle s'imaginait qu'après leur passage nous serions aussi secs et noirs que les oliviers qu'elles rongeaient.

Au cours de ces haltes, je ramassais toujours au fond d'un fossé un silex, une pierre de lune ou une rose des sables pour les ramener en cachette à madame Arnoul. Je les lui donnais pour lui prouver que je ne l'avais pas oubliée, même le temps d'un voyage, quand elle m'emmenait en promenade, les soirs d'été. « Pas très loin », lançait-elle à ma mère qui, m'accordant une liberté d'autant plus grande qu'elle semblait compenser celle dont elle se privait, s'inquiétait seulement de ce que ma chemisette ne fût pas trop fripée à la fin de la journée. J'étais si heureux de marcher à ses côtés dans l'ombre des allées Bocca, de contourner les fontaines où un peu d'eau circulait enfin avec la nuit sur les degrés de céramique, de longer en sa compagnie les eucalyptus de la villa du juge de paix et de m'arrêter, à l'angle de la rue Carnot, devant la vitrine de la bijouterie de madame Buttigeig. Sans risquer, en cette saison, de croiser quelqu'un qui se serait moqué de ses éblouissements de pauvre, elle pouvait s'extasier à loisir sur les oiseaux de perles qui en étaient le florilège et les chatons des bagues de rubis aussi ouvragés — me disait-elle — que les colombiers royaux et les parois de la serre des tulipes sacrées au palais du Bey, à Constantine, qu'elle avait visité au cours de son voyage de noces, demeuré son unique déplacement en Algérie. Elle m'offrait un verre de grenadine au comptoir du café des Arcades où, fier

de cette sortie de nuit semi-clandestine, je para-
dais sur un tabouret, face aux hommes attablés
qui répétaient que seul un verre d'anisette était
capable de leur rafraîchir le cœur.

Un soir, elle m'emmena plus loin, au-delà de
la manufacture de tabac et des Terrasses turques
où dormaient à la belle étoile, sous les grenadiers,
les nomades du Tesserit et les tisserands du Village Noir qui tenaient sur leur poitrine le lot des
haïks de soie qu'ils vendraient au marché, le
lendemain. Nous étions arrivés au carrefour de la
route de Lambèse, à la limite de la zone de
baraques et de terrains en friche. À sa manière de
s'arrêter soudain, de rester campée là, je compris
que nous étions devant l'Établissement. Toutes
les baies étaient ouvertes et, dans la lumière acide
et pâle, je voyais osciller sous les ventilateurs de
lourdes chevelures brunes et défiler au bord des
fenêtres des dos massifs, nus et blancs, pareils à
ceux d'automates couleur chair qui, soudain
déréglés, se renversaient en avant. Puis, au rez-
de-chaussée, de derrière le rideau de perles, jaillit
la voix, plus éraillée que d'habitude, de son mari.
Elle se contentait de baisser la tête et de caresser
du plat de la main la haie de dahlias ensablés —
comme elle le faisait des plis de l'édredon une
fois qu'il avait séché sur la terrasse et qu'elle

23

s'apprêtait à le déposer dans la chambre. Le vieux jardinier qui, d'abord assoupi sur sa chaise de paille, ne prêtait guère attention à cette femme, digne et muette, devant l'Établissement, se leva, se rappelant soudain son devoir de gardien, prit une motte de terre durcie et la lança vers elle. Mais ce n'était qu'une nuée de poussière rouge de latérite qui se dispersait à travers les grilles et l'atteignait à peine. Elle en effaçait les traces sur son chemisier puis reculait doucement en me prenant la main. Elle n'avait pas envie de fuir, n'accélérait même pas le rythme de sa marche, fixait le seul point illuminé devant nous : la porte du bazar Dellys qui ne fermait jamais — même les matins d'inondation où les eaux de l'oued s'infiltraient dans la remise entre les îlots de peaux tannées. Elle m'y entraînait, voulait m'offrir, pour la rentrée, un encrier de cristal. Pendant que j'en choisissais un parmi les affaires d'école reléguées depuis juin, elle s'était retournée vers la mappemonde qui trônait sur une étagère au-dessus du capharnaüm de bidons d'huile et de sacs de cumin. Elle la faisait tourner sur le socle, retirait le voile de la poussière d'épices puis en caressait la peau beige, bleue et dorée. « Je la prends... », dit-elle brusquement, sans se rendre compte que je l'embrassais pour la remercier de l'encrier.

Dans les allées Bocca où s'éteignaient les derniers lampadaires, elle portait la mappemonde en la protégeant de ses bras croisés tel un enfant endormi à la fin d'une fête et qu'elle ramènerait en silence sous les palmiers. Elle la serrait de plus en plus fort sur sa poitrine à laquelle elle paraissait soudée, telle une excroissance de sa propre chair, une greffe de papier soufflé qu'elle aurait réussi à réaliser sur son corps. Quand elle s'enfonça dans la nuit de l'appartement du nord, j'eus l'impression — malgré l'encrier de cristal que j'exhibais comme un gage de son affection — qu'elle m'oubliait. Dès les premiers soirs de septembre, elle prit l'habitude d'amener la mappemonde dans la cour — ce qui faisait dire à madame Vizzavona qui m'englobait dans le même regard de curiosité soupçonneuse : « Elle retombe en enfance... » Elle épinglait ou détachait, au gré de ses humeurs, sur les endroits du monde où elle rêvait de partir, de minuscules fragments d'un ancien châle d'été qu'elle gardait dans la poche de son peignoir. Elle murmurait des noms — Prague, Naples ou Samarkand — en donnant aux jardins, aux places et aux boulevards de ces cités étrangères, dont elle semblait humer par avance les senteurs et les lumières, la tendresse qu'elle avait appris à tenir exilée au fond d'elle-même. Désormais, quand elle entendait la voix de son mari qui éclatait sur le terrain de la Boule batnéenne, elle ne chantonnait plus pour tenter d'en recouvrir l'écho ; elle pianotait au hasard sur la sphère et son chagrin se retirait au contact du brun des reliefs, du jaune des déserts et du bleu des océans qui devenaient les couleurs de sa vie.

Pour que je ne fusse pas jaloux de la mappemonde, elle me disait qu'elle m'appartenait aussi, qu'elle était notre bien commun. Elle pourrait aussi, ajoutait-elle, me consoler de tout — comme le soir où elle me découvrit sur le banc, non pas en train de faire mes devoirs mais d'écrire (tant j'étais lassé par la régularité des scènes entre mes parents, qui semblaient minutées par une horlogerie secrète d'hostilité, seules les haltes du silence des larmes subissant des variations de quelques minutes) une lettre à ma grand-mère maternelle. Je n'en gardais pourtant que l'image lointaine d'une vieille femme qui, le dimanche des Rameaux, avait ramené de l'église des brassées de lauriers bénis qu'elle avait suspendus, en de petits bouquets, aux murs de chaque pièce pour les protéger, y installer enfin la paix : je la suppliais de m'envoyer l'argent du voyage et de m'accueillir dans sa maison du Roussillon.

Madame Arnoul me retira d'entre les mains la lettre rageuse et perdue que j'achevais, posa la mappemonde sur mes genoux et me dit, en pointant la côte du Pacifique, la Sicile puis Paris : « Bientôt, tu iras là... et là... partout... », avec un tel accent d'encouragement ébloui que je lui promis, quoi qu'il arrivât, de m'y rendre un jour.

Peut-être était-ce la vision de ces villes et de ces rivages où plus aucun cri ne retentirait autour de moi qui me donnait la force de traverser les jours gris : quand, quelques semaines plus tard, à la Saint-Nicolas où je jouais dans une pièce représentée par l'école au théâtre municipal, je dus — après que mes parents, brisés par une querelle de dernière minute et terrés, en tenue de gala, chacun dans une pièce, avaient renoncé, malgré mes supplications, à m'accompagner — m'en aller seul à travers les rues dans ma tunique jaune et noir d'éclaireur de prince chinois. J'étais prêt, sur le trajet, à composer n'importe quel mensonge pour répliquer à ceux qui s'étonneraient de leur absence à mes côtés. Madame Arnoul m'avait sans doute regardé partir : quand, à la fin de la représentation, les parents s'étaient précipités pour recueillir et emporter sous les compliments et les baisers les camarades qui, du bord de la scène, se jetaient dans leurs bras et que j'étais resté seul devant la pagode de carton-pâte, m'efforçant de tenir droite au bout de mon bras la lanterne de papier, de ne pas trembler d'abandon sous les regards de compassion embarrassée des Sage qui, dans le hall, se demandaient s'ils devaient venir me chercher, je la vis assise, si menue dans son tailleur de Pentecôte, là-bas, sous le balcon, au fond de la salle déserte. Elle se leva, avança dans la travée centrale de l'orchestre, un peu gauche et gênée d'apparaître à leurs yeux comme la doublure d'une mère dont j'aurais tant voulu qu'elle fût présente pour qu'un soir au moins — le temps d'une représentation où j'avais pour mission d'accompagner dans la nuit le palanquin d'un prince — elle fût fière de moi. J'eus la tentation de me jeter dans ses bras alors qu'elle arrivait près de la scène et me regardait avec un sourire de dévotion et de regret. Mais elle me demanda d'un signe de tête, comme si elle craignait d'outrepasser ses droits, de descendre l'escalier latéral. Elle me prit la main et me ramena vers la Maison, tandis que d'entre les eucalyptus du square Lamoricière s'élevaient les cerfs-volants lumineux, les rires et les chansons du goûter collectif que ni l'un ni l'autre n'avions envie de rejoindre. Nous préférions aller nous asseoir sur le banc ; elle écarta le soufflet de ma lanterne, y alluma la petite bougie et la cour noire, traversée de reflets, nous parut devenir celle d'une ville chinoise.

Ce fut à cette époque qu'elle commença à aller vers le wagon abandonné sur l'ancienne voie de triage. Peut-être l'avait-elle découvert en rendant visite aux sœurs Belkhacem dans leur maison du Village Nègre qui n'était séparé de la gare que par le pont métallique enjambant l'oued. Sur la paroi de bois moisi, seul demeurait intact le velouté d'acajou de l'écusson où se profilait le corps du lévrier sculpté qui symbolisait la célérité de la compagnie. Je l'y suivais parfois, le jeudi après-midi. Pour gravir le marchepied, elle saisissait avec détermination la rampe rouillée, ne se souciait pas, en parcourant le couloir, de l'odeur du loup décomposé que les chasseurs de la région avaient jeté au fond du wagon, ne sachant qu'en faire après l'avoir harcelé tout l'automne à travers les forêts des Aurès. Elle allait s'asseoir dans le troisième compartiment, qui semblait le mieux préservé par le temps, sur le fauteuil de velours bleu nuit, à peine auréolé de cercles d'usure. Tournée vers la vitre, elle regardait le labyrinthe de roseaux aussi lisses que des tiges d'acier et dont le vent du sud ne parvenait jamais à ébranler la rigidité de herses clouées aux levées de terre ; et, plus loin, le vert sombre des berceaux de lianes enchevêtrées qui, selon les saisons, servaient d'abri aux fauvettes à tête noire ou de halte aux vautours fauves du désert qui volaient vers la mer.

Peu à peu, les chevilles croisées, la tempe droite appuyée à l'oreille du fauteuil, les yeux mi-clos et le visage apaisé — comme si elle venait de tout laisser derrière elle et s'apprêtait à se perdre dans un climat sans retour —, elle s'abîmait dans le spectacle des marais, leur gris permanent que ne troublait jamais, même en été, le moindre scintillement. Quand les premières vagues de sirocco les recouvraient d'une pellicule cendreuse, que tout, au-dehors, prenait une coloration lunaire, effaçant les limites des eaux et des terres, je savais qu'elle s'imaginait traverser le désert d'Australie — son préféré, celui qu'elle s'attardait à caresser sur la peau de la mappe-monde, et qui la fascinait déjà sur une image de mon livre de géographie, avec l'immensité de son sol brûlé et les croix primitives de basalte au bord des pistes de poussière cuivrée. Quand le ciel redevenait clair et qu'apparaissaient les barques profondes et vides, amenées par les courants de la rivière, elle croyait peut-être apercevoir, dans les lagons de l'État du Kerala, les bateaux de bois qui frôlaient, en suivant les canaux d'irrigation, les buffles endormis à l'entrée des huttes familiales.

Lorsqu'elle descendait du wagon, elle s'amusait à mimer, avec juste ce qu'il fallait d'absence contrôlée et de réserve sensuelle, l'allure des femmes de colons qui, revenant en septembre de Métropole avec une douceur nouvelle, une sorte de distance voluptueuse dans le maintien, semblaient vouloir prouver qu'elles s'étaient affinées au cours de la saison passée de l'autre côté de la Méditerranée, qu'elles y avaient puisé une touche supplémentaire de chic et de savoir-vivre. Elles appelaient les bagagistes musulmans d'une voix plus rêveuse qu'à leur départ et leur distribuaient des pièces avec un geste habité d'autant de mépris mais plus onctueux en apparence, assoupli d'un semblant de compassion. Elles prenaient même la peine de s'excuser d'un tel amoncellement de valises et de cartons à chapeaux sur les chariots et se retenaient de crier : « Incapables ! » vers le dos voûté des porteurs qui manquaient les faire chavirer sur les dalles inégales des quais.

Elle avançait devant moi, les yeux fixés sur la

voie. Il semblait qu'il n'y eût pour elle d'autre chemin qui ne fût d'acier, pas de soleil rouge qui ne fût celui d'un sémaphore, pas de musique qui ne fût celle du timbre des sonneries des passages à niveau dont elle guettait l'écho jusqu'à ce que, surgissant du bois de caroubiers, apparût la locomotive du train de marchandises. Elle ne s'écartait pas du bord du quai, aveuglée par la luminosité des blocs de sel du djebel El-Melah, se laissait ébranler tout entière par le vacarme des roues et des essieux, recouvrir par le déferlement des fumées et le rouge voltigeant des braises. Puis elle allait vers le ruisseau, se penchait pour s'humecter le front et les yeux brûlés par la poussière de suie, tandis que le bleu du ciel était déchiré par les cailloux que les enfants du douar lançaient, en bandant le cuir de leurs tire-bou-lettes, vers les frégates ou les merles des Aurès.

II

Les promenades jusqu'au wagon lui avaient donné une sorte de détachement, de légèreté affable. Grâce à ses rêves de voyages, elle avait cessé de se sentir prisonnière de la Maison et passait devant ses habitants sans craindre d'être jugée par eux. Il lui arrivait même d'échanger quelques mots avec les voisines qu'elle croisait sur les galeries avant de descendre dans la cour. Aussi quand madame Vizzavona lui proposa de venir remplacer au Louvre, pendant quelques semaines, une vendeuse malade, elle accepta. Peut-être pensait-elle que ce salaire d'appoint lui permettrait de se constituer, en cas de départ, une réserve secrète que son mari ne risquerait pas de dilapider entre ses nuits blanches à l'Établissement et ses tournées d'anisette à la Boule batnéenne. Elle avait su, d'instinct, présenter les objets, conseiller, avec un intérêt souriant, les clientes sur les robes, sans jamais éprouver le moindre dépit de ne pouvoir les porter à son tour ; avec, au contraire, lorsqu'elle les gardait sur les bras et en caressait les cols brodés devant la cabine d'essayage, l'émerveillement de savoir qu'elles avaient été cousues dans un atelier de Paris. Juste un peu de rose colorait ses joues lorsqu'elle croyait déceler un soupçon de reproche dans le ton ou les paroles de madame Vizzavona.

Ce fut à cette période que mon oncle Noël — de retour d'Indochine et avide, sans doute, de se retrouver sur la terre d'une autre colonie où il pourrait encore régner — vint passer une journée avec nous. Il était alors franc et gai, malgré les passages de tristesse dure sur ses traits, me faisait voltiger dans ses bras en criant que je ne serais jamais un guerrier : tant pis si je ne savais pas me battre, il serait toujours là pour me protéger. Je l'avais emmené au magasin pour qu'il y choisît le cadeau qu'il comptait ramener à sa fille Évelyne. Dès qu'il était entré dans la boutique pour désigner à madame Arnoul le jouet qu'il avait remarqué dans la vitrine — le lapin en peluche bleu lavande qui tenait des baguettes au-dessus d'un tambour de métal rouge, ceinturé d'une cordelette d'étoupe —, elle avait été éblouie par le pétillement vert de son regard, la blancheur de ses gants et le noir lustré de son képi dont la visière était soulignée d'un liséré or — son uniforme d'officier de Coëtquidan qu'il portait avec une fierté désinvolte. Elle était si maladroite, ce jour-là, n'arrivant pas à discipliner les plis du papier de soie et à ajuster la ficelle pour la nouer, que madame Vizzavona s'empara du jouet et acheva elle-même le paquet.

Madame Arnoul était seule au magasin, quand il avait rapporté le jouet, en fin d'après-midi, et parlé, en se dirigeant droit vers elle, d'un « vice de forme ». Les baguettes s'abaissaient à peine et réussissaient tout juste à frôler le tambour si bien que, de la musique promise, ne subsistaient que quelques notes désaccordées. Elle avait tenté de décoincer la minuscule clef qui affleurait dans le dos de peluche mais celle-ci résistait à ses doigts gonflés par l'effort. Elle en pleurait presque, d'impuissance et de vaine concentration puis, en désespoir de cause, avec un accent d'impatience coléreuse et presque de provocation, dont elle s'était ensuite elle-même étonnée, elle lui avait lancé : « Voyez vous-même... Vous devez être plus habile que moi... » Il en avait ri et avait tourné le jouet en tous sens, avec cette douceur amusée, cette bonté joviale qui m'empêchait de l'imaginer sur un terrain de combats. Puis, après avoir manqué faire tomber les baguettes, il avait fini par reposer le jouet sur le comptoir. Au moment où le lapin touchait le rebord d'acajou, la musique s'était déclenchée d'un coup, intempestive et tumultueuse, une sorte de cantate débridée, joyeusement chaotique, un dérèglement allègre de sons bondissant de toutes parts, une frénésie de notes suivies par le mouvement saccadé des baguettes qui heurtaient, à toute volée, la surface du tambour jusqu'à ce qu'elles se figent, donnant au lapin un air désappointé et ahuri. Le leur aussi, dans le silence du magasin à peine troublé par le jaillissement d'une dernière note oubliée, l'ultime sursaut musical d'un mécanisme déboussolé, après lequel ils se regardèrent avec une telle connivence muette — celle dont je ne rêvais plus qu'elle se produisît un jour entre mes parents. « Faites-en ce que vous voudrez... Je crois qu'on ne peut plus rien en tirer... », lui avait-il dit sur un ton abrupt et tendre, sans se soucier d'être remboursé ou qu'on pût le donner à réparer — comme elle le lui conseillait d'une voix implorante et syncopée, son accent alsacien n'ayant jamais été aussi net. Il renonçait au jouet et lui disait : « Je vous en fais cadeau... Je crois que vous l'aimez bien... » Il avait deviné l'étendue de la solitude de madame Arnoul, compris ce que pouvait représenter pour elle — malgré sa musique éteinte et ses baguettes déréglées — ce don d'un objet de peluche.

Elle n'avait pas cherché à le revoir et, dans la soirée, s'était abstenue de descendre dans la cour où, pendant quelques instants, Noël était venu s'asseoir près de moi, sur le banc. J'aurais tant aimé pourtant les voir côte à côte pour qu'ils m'assurent une image, même fugace, d'harmonie dont je pressentais qu'elle me manquerait toujours. Il me parlait — plutôt que de la guerre sur laquelle je l'interrogeais, et qu'il voulait peut-être, à son tour, oublier — de la beauté d'un fleuve, à la frontière chinoise, du fracas de ses cascades dans les goulots rocheux et de ses plans d'eau tranquille où glissaient les jonques chargées de lépreux qui allaient tremper, plus loin, dans les sources miraculeuses leurs corps couleur de sang rouillé. Je devinais, là-haut, dans la nuit, le frémissement rougeâtre du peignoir de madame Arnoul, à l'angle de la galerie du nord, d'où elle ne devait distinguer que le liséré d'or du képi de Noël à la lueur de la lampe-tempête. Le lendemain matin, alors qu'il nous disait au revoir sur le trottoir, elle avait surgi sur le seuil, balbutiant —

comme si elle s'excusait de son apparition — qu'elle devait se rendre au magasin plus tôt que d'habitude. Noël paraissait surpris qu'elle habitât la Maison, semblait, les yeux levés vers la façade, lui demander en silence quel appartement elle occupait. Puis il lui baisa la main dans une révérence rapide et, avant de se détourner pour monter dans la traction qui le conduirait à l'aéroport, sifflota, tel qu'il aurait dû être, l'air de parade printanier, à peine martial, du petit lapin. Mais elle s'éloignait déjà sous le soleil qui se voilait, égaré dans le halo grisâtre annonçant la tempête de sirocco. Quand elle atteignit le bout de la rue, à la hauteur des lilas blancs de la villa du juge de paix, la traction ralentit un peu, juste, peut-être, pour lui laisser le temps d'apercevoir une dernière fois ses cheveux courts et blonds d'où il avait retiré le képi, son visage clair et son sourire d'adieu enjoué. Elle marchait beaucoup plus vite, ce jour-là, en traversant les allées Bocca, ne s'arrêtait que pour porter la main à ses yeux, éviter qu'ils ne fussent brûlés par les larmes ou les premiers tourbillons de sable. Le soir, quand je revenais de l'école et que, de retour du magasin, elle s'était déjà remise au repassage, j'apercevais, depuis la rue, les baguettes dorées du lapin qui scintillaient dans la pénombre de la pièce au-dessus de la corbeille où s'empilait le linge en retard. Lorsque, fatiguée, elle laissait pendre le fer au bout du bras et regardait descendre le D.C.3 illuminé d'Air Algérie, il me semblait qu'elle n'avait jamais fixé les hublots avec autant d'intensité, comme si elle espérait distinguer une main gantée de blanc lui faisant signe qu'il revenait.

Quand j'avais la tentation de lui dire que Noël ne tarderait pas à nous rendre une autre visite, elle m'interrompait d'avance d'un sourire. Ce qu'elle avait éprouvé dans la boutique du Louvre puis devant la Maison, un matin d'avril, demeurait notre secret, comme le serait, l'été suivant, ma relation avec Jean-Pierre, l'aîné des enfants Vizzavona. Il était resté en juillet pour gagner un peu d'argent de poche en secondant de temps en temps son père à la minoterie. À deux heures de l'après-midi, alors que le ciel était si blanc de chaleur qu'il paraissait se diluer au-dessus de la ville et que tous, derrière les volets clos des appartements du Stand, dormaient à même le carrelage pour y trouver un semblant de fraîcheur, je guettais le signal qu'il m'adressait de l'autre côté des terrasses : le rideau de la véranda qu'il écartait, l'ombre de sa main qui circulait sur la vitre. J'ouvrais le plus doucement possible la porte-fenêtre en veillant à ce que ne se coinçât pas le bourrelet de tissu cloué au bas et, pieds nus, les mains plaquées sur la tête pour éviter l'insolation, je traversais les galeries brûlantes et la cour rendue encore plus suffocante par le miroitement des hauts murs devenus pareils à des remparts de sel incandescent. J'étais tellement étourdi de lumière en arrivant dans l'appartement que je ne distinguais rien d'abord. Je me laissais guider par le reflet de nickel du rebord du lit puis par l'éclat de la boucle de son ceinturon qu'il commençait à défaire, appuyé contre la glace de l'armoire de la chambre. Il ne disait rien, déboutonnait sa chemisette, amenait mes lèvres vers sa poitrine nue qui gardait l'odeur du chlore de la piscine où il s'était baigné dans la matinée. Puis il me faisait glisser sur le lit où, les yeux fermés, il me demandait de le caresser jusqu'à ce qu'éclatât un plaisir que je regrettais de ne pas encore connaître moi-même. Il se relevait aussitôt, me prenait contre lui pendant quelques secondes, m'embrassait dans les cheveux, me conduisait vers la cuisine où il m'offrait un verre d'antésite glacée puis me demandait de partir car son père risquait, d'un moment à l'autre, de rentrer de la minoterie. Je prenais un air faussement nonchalant en retraversant la cour, feignais de n'être là, en plein soleil, que pour capturer un des lézards noirs accrochés à la blancheur des balustrades. Je savais que madame Arnoul me regardait de loin, mais quand j'arrivais en haut de l'escalier et m'apprêtais à parcourir la galerie du nord, elle refluait dans l'ombre de son appartement afin de ne pas paraître me gêner.

Je revoyais Jean-Pierre chaque après-midi, guettais son signal en tremblant d'un sentiment d'autant plus fort que je ne savais pas encore le nommer. Puis, un jour, le rideau ne s'écarta pas. Il n'y eut rien non plus les jours suivants. Je continuais pourtant à attendre, paralysé de chaleur et d'anxiété derrière la porte-fenêtre, jusqu'à ce que le grincement des volets, dans tout le quartier, annonçât la fin des siestes. Désespéré de voir l'été se terminer bientôt sans avoir pu à nouveau le caresser, je sortis un après-midi, à deux heures, allai me camper au milieu de la cour, prêt à subir une insolation qui m'aurait brûlé le cerveau si l'ombre des doigts de madame Arnoul n'était venue se poser sur mes yeux avant qu'elle ne me ramenât, à demi inconscient, dans la nuit de la buanderie où elle me trempa la tête sous l'eau, la laissant longtemps ruisseler pour que j'oublie moi-même que je pleurais.

« Cet enfant est un petit vicieux... », avait dit — quelques heures après que je lui avais enfin avoué en confession mes plaisirs clandestins — le curé de Batna à mes parents interloqués sur le parvis de l'église ; mais ils étaient trop tolérants, ou insuffisamment pieux, pour le croire vraiment. Je décidai pourtant aussitôt de ne plus jamais franchir le seuil d'un confessionnal, peut-être même celui d'une église, de ne plus me laisser envoûter par les effluves d'encens, les enluminures des missels et le bleu tendre de la Vierge de Notre-Dame-des-Neiges qui surplombait le banc où, d'ordinaire, je priais. Je me préparai de mauvais gré à la communion, essayai à contrecœur l'aube qui ne m'apparaissait plus que comme un vêtement de comédie. Tout ce que j'appréciais, le matin de la cérémonie, c'était la série de cierges allumés devant moi dans la pénombre de la nef. Je me promis que ces petites flammes seraient mon unique lien avec Dieu, les seules offrandes directes que je lui adresserais pour qu'il me protégeât et, les jours de malheur, aidât ceux que j'aimais.

Ce que j'attendais en fait — pour me venger de l'ennui des heures de catéchisme et de l'ascèse imposée par les journées de retraite —, c'était la fête qui allait rassembler les habitants de la Maison. On avait installé au milieu de la cour une immense planche sur ses tréteaux et disposé sur les draps blancs épinglés entre eux la vaisselle de madame Vizzavona : « Toute ma ménagère est là... », s'écriait-elle fièrement depuis son balcon. De très hauts bouquets de branches d'aubépine et de fleurs de grenadier du Village Blanc étaient placés de part et d'autre de la pièce montée qu'avait tenu à apporter elle-même madame Frécon, la pâtissière dont les lèvres n'avaient jamais eu autant la couleur de fraises fondues et la peau un parfum de vanille et de miel. Juste avant la nuit, on alluma les bougies dans les coupelles alignées sur le rebord de la terrasse et l'on descendit, sur le palanquin formé par les bras unis de ses petits-enfants, madame Victor dont la fermeture Éclair de la robe en popeline rouge s'ouvrait d'un cran à chaque balancement. Lorsque flanchait l'épaule de l'un d'eux, elle manquait passer par-dessus la rampe et rouler dans la cour comme un énorme ballot de déménagement. Ensuite, les voisines descendirent une à une, en se rengorgeant, les escaliers latéraux : elles défendaient l'honneur de leurs couturières respectives, dans un concours d'imprimés, de plis de soie, de manches bouffantes, de profondeur de décolletés et de colliers qu'elles tenaient soulevés au bout de leurs doigts pour les amener sous les reflets des bougies et en accentuer le scintillement. Rassemblées dans la cour, elles feignaient de s'admirer mutuellement puis elles se taisaient, médusées de dépit en voyant apparaître madame Sage dans une simple robe noire qu'elle avait dû — pensaient-elles — commander en Métropole. Elle resterait la seule à incarner à leurs yeux la vertu du « strict », qui les fascinait mais que leur vanité clinquante, leur besoin oriental d'exhiber couleurs et parures les empêcheraient toujours d'atteindre.

J'avais peur — car elle tardait à arriver — qu'on n'eût oublié d'inviter madame Arnoul. Mais elle apparaissait bientôt dans le tailleur rose, qu'elle s'était confectionné, suivie par son mari qui lui effleurait parfois l'épaule du bout de la main comme s'il voulait affirmer, par ce geste visible de tous, qu'ils restaient unis. Lui que je n'avais jamais vu autrement que dans sa salopette noircie de graisse derrière les pompes à essence du garage Perrier, il était rasé, coiffé avec soin et arborait une chemise blanche. J'avais la tentation de lui pardonner toutes les nuits où il l'avait laissée seule car il la regardait d'un air amusé, presque bon, venir s'asseoir près de moi. Je n'avais pas immédiatement remarqué qu'elle tenait un petit paquet. « C'est pour toi... », me dit-elle, en profitant de ce que ma mère s'était retournée. C'était un livre de la collection Rouge et Or, *Le cheval sans tête* de Paul Berna, dont la couverture — des ferrailleurs qui enfouissaient un trésor dans les flancs d'un cheval de manège — m'avait enchanté un jeudi après-midi, lorsque, au retour du wagon, nous nous étions arrêtés devant la vitrine de la librairie de la rue Mermoz. Tandis que je l'embrassais, je craignais que ma mère n'en fût un peu jalouse, mais elle la remerciait au contraire, lui disait qu'elle lui était reconnaissante de m'avoir aidé à passer « ces étés impossibles » et les soirs où elle était retranchée dans son travail : elle avait encore les yeux rougis d'avoir veillé pour corriger les cahiers de ses élèves musulmans, préparé les textes d'exercices supplémentaires pour ceux qui, ayant quelques années de retard, n'arrivaient pas à suivre, afin qu'ils ne fussent pas, faute de résultats, renvoyés par le directeur. Outre qu'elle était guidée par son instinct de dévouement, elle voulait mériter le grade d'institutrice titulaire qu'une récente visite de l'inspecteur d'académie venait de lui attribuer. Mais elle continuait à pleurer intérieurement — de reconnaissance incrédule, d'appréhension de ne pas en être digne, de tension à peine soulagée et d'une fierté secrète qui la brûlait à force de ne pas oser l'exhiber. Comme si elles réalisaient qu'elles n'avaient jamais vraiment discuté ensemble et se rappelaient que les cloisons de leurs appartements étaient mitoyennes, elles se mirent à évoquer leurs origines métropolitaines — les villages des Pyrénées et d'Alsace où elles étaient nées respectivement —, parlant des prés et des sources, des torrents gorgés des eaux du printemps, de la fraîcheur des soirs d'été où l'on devait prendre un gilet pour partir en promenade. Mais il suffit qu'un souffle de sable et de poussière de cèdres desséchés des Aurès vînt blanchir leurs lèvres pour que s'interrompît cet envol de nostalgie commune, à laquelle elles ne croyaient pas vraiment, car ni l'une ni l'autre n'avaient jamais songé à retourner vivre dans sa région natale.

Je profitai de leur conversation pour dérober des verres de champagne et le couple de communiants de nacre au sommet de la pièce montée commençait à tanguer sous mes yeux. Des applaudissements saluèrent l'arrivée de ceux qui m'apparaissaient comme des invités suprêmes puisque, conviés par toutes les familles du Stand, ils allaient de villa en villa participer aux agapes : le propriétaire du Régent qui, tout de blanc

vêtu, annonça que, dès l'automne, il projette-
rait des films en « avant-première ». Ce mot me
rendait euphorique car il me donnait l'illusion
que notre petite ville du Sud devenait la capitale
du cinéma et que, de notre accueil, pouvait
dépendre la carrière d'un film à travers toute
l'Algérie. Il était accompagné par Simone Rouvier qui, de sa voix emphatique et éraillée, van-
tait les mérites de la comédie qu'avait écrite
Marc Cianfarani, un collègue de l'école du
Stand, et qu'elle allait jouer « en vedette » (elle le
répétait comme si elle n'avait pas fini de s'en
éblouir elle-même) dans quelques jours, au
théâtre municipal. Elle lança à ma mère qu'il
fallait absolument qu'elle y assistât. Et elle —
dont les yeux brillaient d'un désir inassouvi de
distraction — lui cria presque : « Mais oui... bien
sûr... », et lui demanda en plaisantant si la troupe
n'avait pas besoin, à la dernière minute, d'une
figurante. À cet instant, décoiffée et oubliant
qu'elle renversait un peu de champagne sur le
bleu de son corsage, elle semblait prête à monter
sur scène — alors que, d'ordinaire, elle détestait
« se donner en représentation » — et, rassemblant
ses traits de jeunesse, m'apparut plus belle que
toutes les comédiennes du monde.

À la fin du repas, après avoir brisé d'un coup

de couteau l'arche en nougat de la pièce montée et libéré une cascade de dragées qui tombaient dans les coupes ou les corbeilles de dattes, monsieur Vizzavona se leva et prit la parole : il dit qu'il était né dans la Maison, qu'il espérait y mourir — comme son père et sa mère qui l'avaient fondée, là où il n'y avait alors qu'un terrain vague et un ou deux figuiers. Il joignait les mains, faisait craquer les articulations de ses doigts en ajoutant que nous étions tous soudés, qu'il y aurait bien d'autres fêtes où nous nous retrouverions réunis : des baptêmes, des mariages, des communions d'enfants et d'enfants... Il y eut un tel silence, ensuite, qu'il semblait que l'âme de la Maison, accompagnée par les reflets des bougies qui s'élevaient, voguait de véranda en véranda, de balustrade en balustrade, de corniche en corniche, que tout ce qui avait pu, parfois, dissocier ses habitants — les jalousies hâtives, les querelles sur l'ordre des tours à la buanderie ou la place réservée au linge de chacun sur les cordes de la terrasse — disparaissait avec elle dans la nuit, qu'il n'y avait plus ni riches ni pauvres, ni nord ni sud, juste un îlot de tendresse solidaire où chaque famille aiderait l'autre à rester ici jusqu'au bout de la vie. Peut-être était-ce pour dissiper l'émotion qui nous tenait inclinés au bord des larmes, vers les assiettes où madame Vizzavona venait de poser une part de la pièce montée, que quelqu'un mit un disque sur l'électrophone. Tout le monde se leva sur l'air de bal musette. Monsieur Vizzavona vint enlacer ma mère, bouleversée qu'il reconnût enfin sa place dans la Maison ; monsieur Sage entraîna madame Arnoul qui, éberluée de devenir — même le temps d'une valse — une des reines de la cour, suivait la progression des ombres des bougies sur les murs comme si tous les pays dont elle rêvait, de la Suède à l'archipel de la Sonde, se mettaient à défiler au crépuscule autour d'elle. Simone Rouvier n'arrêtait pas de crier que ses hauts talons allaient la lâcher ; elle finissait par les enlever, les lancer en l'air avant de se renverser, déséquilibrée, dans le bouquet de branches d'aubépine. Elle bousculait au passage mon père qui, le visage cramoisi, essayait de se raccrocher aux épaules luisantes de parfum et d'embonpoint de la cousine de madame Vizzavona. Seules dansaient sans exclamation les demoiselles de Guelma, ces pionnières émaciées qui, brûlées par le soleil de leur exploitation, se tenaient et se parlaient gravement comme si elles discutaient du nombre d'arpents qu'il leur restait à défricher. Elles s'éloignaient de guingois vers l'ombre du porche, telles des conquérantes démodées, mal à l'aise dans leurs robes de dentelle qu'elles semblaient avoir retrouvées au fond d'une malle de voyageuse du début du siècle.

Bambi était ma cavalière ; elle manquait culbuter, à chaque pas, dans les plis de sa robe de communiante, me criait qu'elle gardait pour moi une valise pleine de noyaux d'abricots : j'étais sûr, grâce à elle, de gagner la dernière partie avant les vacances. J'avais juste le cœur un peu serré en apercevant Jean-Pierre Vizzavona qui, tenant une jeune fille du Stand par la taille, soulevait la toile qu'on avait tendue pour dissimuler l'ancien établi de monsieur Arnoul. Avant de la rabattre derrière lui et comme s'il avait senti que je le regardais, il m'adressait un signe pour me faire comprendre que ce n'était pas moi qu'il abandonnait : il préférait simplement d'autres plaisirs, désormais. On tournait tous, de plus en plus vite, autour de madame Victor qui, assise, immense et pâle, sur sa chaise de paille, au milieu de la cour, ne bougeait la tête que pour picorer des débris de nougats dans la main que son petit-fils ouvrait sous sa lèvre déjà blanchie et ourlée d'une poussière de dragées.

La nuit de juin était si chaude : qui incita — sans doute moi — les communiants à retirer leurs aubes ? Sous les croix de bronze jetées pêle-mêle, elles s'entassèrent bientôt sur le banc, où le vent les malmenait comme des rêves de Dieu abandonnés. Nous courions, presque nus, autour de la table en saisissant au passage, parmi les bouquets défaits, des branches d'églantier réduites à leurs épines. On s'en flagellait ensuite en se poursuivant sur les galeries avant de plonger dans l'eau des bassins des buanderies. Étendus sur les dalles encore tièdes de la terrasse et couverts d'égratignures, nous riions sous les étoiles tels des martyrs heureux. Si, ce soir-là, je croyais encore aux anges gardiens qui devaient voler sur les toits des buanderies, c'était pour leur demander de se taire sur mes péchés ou les emporter vers le ciel afin qu'ils y fussent directement absous par Dieu.

III

Ce fut la dernière nuit de paix. Après, il y eut les premiers attentats, les explosions, au loin, de bombes ou de grenades lancées par les terroristes (ce mot qui, pour moi, ne désignait que des ombres en fuite), suivies par un silence épouvanté qui recouvrait tout le quartier. Chacun — la gorge serrée, les mains agrippant la rampe des galeries ou le bord des vérandas — semblait s'interroger en secret sur le lieu de l'explosion, se lançait dans des reconstitutions muettes, hallucinées et paniques de trajets ou d'emplois du temps pour savoir si ceux qu'on aimait risquaient de s'y trouver. Puis, invariablement, résonnaient dans la cour les pas précipités de monsieur Vizzavona qui accourait de la minoterie et, tel un chroniqueur affolé, racontait l'attentat comme s'il en avait été le témoin direct. Il mimait, dans une gesticulation outrée et désespérée, la pluie d'éclats de verre, le cratère ouvert au milieu d'un café ou d'un magasin, les corps étendus, dont il exagérait toujours le nombre, avant d'en hurler le récit — car il n'était pas question que quiconque en fût préservé — à madame Victor qui, presque sourde, à demi inconsciente, levait vers lui son visage hagard en croyant qu'il lui annonçait l'imminence d'un orage de sauterelles ou d'un tremblement de terre.

Quelques heures plus tard, les voisines descendaient l'escalier l'une après l'autre, tout en noir, sous leurs mantilles, telles des théories de pénitentes glacées, pour se rendre dans la villa où reposait l'une des victimes de l'attentat et dont elles disaient pudiquement qu'elle avait été « touchée », en traversant les allées de lauriers-roses qui semblaient soudain flétris comme en hiver. La seule à ne pas les suivre était madame Arnoul qui — au moment où elles passaient devant l'appartement du nord — se retranchait derrière la corbeille de linge et cherchait à s'effacer dans les vapeurs de repassage.

On avait décrété le couvre-feu. Un peu avant neuf heures — lorsque retentissait la sirène qui l'annonçait —, monsieur Vizzavona allait fermer à double tour les battants du porche. La cour devenait noire, à peine éclairée par les lampes à pétrole qui brillaient derrière les vérandas — car il n'y avait pas de nuit où les poteaux ne fussent sciés par les rebelles dans la plaine — ou les lueurs des incendies des douars que les avions bombardaient dans les Aurès. Tous les habitants de la Maison, rassemblés sur la terrasse, les regardaient piquer vers les villages. Elles en paraissaient presque irréelles — tels les éléments d'un spectacle privé de son ou les préliminaires d'une gigantesque leçon de sciences naturelles —, ces immenses foudres qui illuminaient le moindre cèdre des forêts et les strates de schiste du Tougguert. Mais le soir où il m'avait semblé distinguer des dizaines de corps enflammés qui dévalaient les pentes de la montagne d'Aïn Timor avant de basculer et de disparaître dans le noir des anciennes carrières de marbre, le vent de soufre, de bois et de chairs brûlés qui atteignait la terrasse me glaçait d'une colère impuissante et triste que seule atténuait la main de madame Arnoul, venue sans un mot se placer à mes côtés.

Quand l'ombre recouvrait à nouveau les Aurès, on ne gagnait pas aussitôt les chambres. Les hommes de la Maison s'attardaient à commenter les combats et, devant d'imaginaires cartes d'état-major, s'improvisaient stratèges d'un soir. Ils croyaient connaître le moindre recoin de ces massifs qu'ils n'avaient traversés que pour installer leurs pique-niques de Pâques autour de la source des Fiancés, à présent ensevelie sous les cendres. Ils souhaitaient que les combats s'intensifient, qu'on « réglât toute cette affaire en quelques semaines ». Seul mon père, légèrement à l'écart, se taisait. Il baissait la tête et bredouillait quelques mots quand ils s'étonnaient de ne pas le voir partager leur enthousiasme guerrier.

On laissait, de plus en plus, quartier libre aux enfants. Surexcités, nous nous glissions en cachette dans l'entrepôt où monsieur Vizzavona avait décidé d'engranger les grains pour en faire une succursale secrète de la minoterie, un grenier clandestin de la Maison qui nous aiderait à vivre au cas où toutes les récoltes seraient détruites par les rebelles. On se jetait du haut des remparts de sacs pour plonger dans la masse de blé. Nous y restions immergés jusqu'au cou, gardant juste les bras levés, comme si nous étions aspirés par des sables mouvants et dorés. Puis nous essayions de nous rejoindre les uns les autres et d'atteindre ensemble le monticule où, sous la bâche de toile goudronnée, Jean-Pierre Vizzavona caressait le corps allongé et à demi nu de la jeune fille du Stand qu'il aimait depuis la nuit de la communion.

Désormais, par mesure de sécurité, le D.C. 3 d'Air Algérie volait, tous hublots éteints, bien au-delà des terrasses, allait, avant d'atterrir, frôler les collines brûlées. Loin de me faire rêver avec madame Arnoul, il paraissait arriver de régions encore plus noires et détruites. D'ailleurs, nos rêves de départ s'amenuisaient à mesure que la ville était encerclée par les combats comme si, sous la multiplication des flammes qui embrasaient les champs et les fermes, la mer, la Métropole et les autres pays s'éteignaient au loin. Je savais simplement que, crispée sur le regret du temps où nous partions en promenade dans les allées Bocca, elle écoutait comme moi, bien après le couvre-feu, l'écho des pas des soldats à travers la ville, le crépitement, plus ou moins proche, de tirs de mitraillettes suivis par un ou deux cris de souffrance ou le tumulte d'une poursuite. Des patrouilles de nuit, il ne restait, au matin, que quelques douilles éparses au bas des murs du Stand qu'on avait hérissés de tessons pour empêcher la fuite des terroristes à travers les jardins. Monsieur Arnoul, qui n'allait plus à l'Établissement depuis que le carrefour de la route de Lambèse appartenait à une zone militaire, les ramassait et revenait les souder dans son ancien atelier. Il fabriquait des harmonicas de fortune dont, assis seul sur le sol de la terrasse, il tirait quelques sons stridents, des ébauches de ballades acides qu'il reprenait sans cesse, croyant nous divertir, jusqu'à ce que la dernière lampe à pétrole s'éteignît derrière les vérandas. Plus tard dans la nuit, parfois, une rumeur apeurée s'élevait du Village Nègre : c'était une rafle. On entendait le martèlement de crosses sur des portes, quelques ordres brefs, la plainte de ceux qu'on emmenait sur une place vers où se braquait aussitôt le projecteur du fortin. Cela pouvait se produire aussi à l'aube. J'étais envahi par une honte désemparée lorsque, sur le chemin du lycée, je voyais la masse silencieuse des musulmans derrière les rouleaux de fils de fer barbelés. Les soldats les fouillaient un à un, soulevaient leurs gandouras avec le bout des fusils, juste pour exhiber la nudité de leurs corps grelottant de peur et de misère, avant de les obliger à monter sur les plates-formes des camions qui les conduisaient vers les « centres d'hébergement ». Les bâches retombaient derrière eux comme des rideaux de mort.

Ces matins-là, le banc de Mohammed Khair-Eddine restait vide. Je suivais à peine les cours, guettant le moment où il apparaîtrait peut-être au milieu de l'un d'eux. Même si nous étions rivaux, nous employant l'un et l'autre à conquérir la première place, cette émulation avait fini par créer entre nous un respect complice, une sorte d'affection étonnée et muette. Chaque fois qu'un professeur lui annonçait qu'il était premier en composition, il demeurait impassible. Seuls ses doigts tressaillaient — de joie et d'orgueil contenus — sur le bord de l'encrier. C'était aussi pour lui une caresse sur la misère, l'assurance supplémentaire que serait reconduite, en fin d'année, la bourse dont il reversait presque tout le montant à sa famille, ne gardant que ce qui lui permettait d'acheter des cahiers au compte-gouttes, une nouvelle gomme ou des plumes Sergent-Major au bazar Dellys. Je détestais ceux qui, parmi les élèves européens, me lançaient, quand j'étais à mon tour premier : « Tu as gagné... », me transformant à mon insu en porte-parole d'une cause à laquelle je n'étais pas prêt à adhérer, ne serait-ce que pour ne pas y trouver l'occasion de le blesser.

Quand il revenait, après avoir manqué deux ou trois jours à cause des rafles, dont témoignaient ses yeux cernés, son visage un peu plus amaigri, et, au coin des lèvres trop pâles, une crispation d'effroi et de détresse — d'avoir peut-être vu embarquer vers le camp de Lambèse des oncles ou des grands frères —, il profitait de la récréation pour recopier, assis à l'angle le plus retiré du préau, les leçons que je lui dictais et même les corrections des problèmes auxquels il aurait, de toute manière, apporté la réponse juste. J'admirais sa vaillance indemne, son courage tranquille, son indifférence à la pitié ironique de ceux qui — pour se venger de ne pas trouver la moindre raison de le mépriser — fixaient son petit cartable au cuir craquelé, son unique chemise si élimée qu'elle était devenue sans forme ni couleur et ses sandalettes de chanvre grossier qu'il portait même les matins de neige. Quand leur groupe, bouillant de rancœur lâche, stationnait trop longtemps devant lui, il finissait par relever la tête et les dévisageait, sans que dans ses yeux apparût l'éclat de la menace meurtrière qu'on lisait de plus en plus souvent dans le regard des autres élèves musulmans. Il rayonnait, au contraire, d'une sorte de sagesse instinctive — d'aïeul, déjà — qui l'élevait très loin au-dessus des conflits, des colères et des ressentiments. Lorsque la cloche sonnait, il regagnait son banc avec la même modestie soucieuse, avait assez d'élégance pour paraître découvrir un cours qu'il avait anticipé en le lisant la veille chez lui. Il ne bougeait plus, tendu d'admiration pour une langue et une culture dont il n'imaginait pas pouvoir être exilé un jour. Mais si le professeur interrogeait sans succès et s'acharnait sur ses camarades, ses « frères » du Village Nègre, alignés au bout de la classe — le crâne rasé et les oreilles égratignées par la tondeuse dont le mauvais coiffeur du lycée se servait pour épouiller leurs cheveux —, et que, de toutes parts, fusaient vers eux des ricanements hostiles, il se mettait debout dans un réflexe de défi et, sans autorisation — c'était sa seule indiscipline —, donnait la réponse à leur place pour les protéger et éviter qu'ils ne se tassent davantage d'humiliation sur le banc du fond.

Le soir, lorsque nous nous séparions devant la porte du lycée et que j'éprouvais de la honte à regagner le confort et le calme de la Maison, je lui disais, gêné, que ce ne devait pas être très facile pour lui de travailler dans son quartier envahi par les soldats qui éteignaient tout sur leur passage. Il me disait de ne pas m'inquiéter, qu'il arrivait toujours à trouver un « coin tranquille », une source de lumière. Quand, la nuit, je voyais trembler une lueur au loin, je m'imaginais que c'était lui qui, à la clarté d'une bougie, s'inventait, après avoir fini ses devoirs, des exercices pour le simple plaisir de l'étude, le crissement prolongé du porte-plume et la beauté du buvard qu'il appliquait au bout de chaque ligne d'encre avec une douceur liturgique. Notre amitié, presque silencieuse, déplaisait car nous donnions l'image d'une solidarité qui n'était pas de mise. Aussi le sous-directeur convoqua ma mère pour s'indigner que je préfère la compagnie des musulmans à celle des Européens. Elle s'était aussitôt écriée qu'il était indigne pour un éducateur d'avoir de tels préjugés. Sa tolérance s'approfondissait à mesure qu'on la ruinait autour d'elle. Les jours de rafles, devant sa classe déserte de l'école du Stand, elle épiait, depuis l'estrade, l'apparition sur l'esplanade d'élèves qui auraient eu la chance d'échapper aux barrages de l'armée ; puis elle rôdait entre les bancs vides en se demandant — tandis que la craie s'effritait entre ses doigts anxieux — comment rattraper le retard qu'ils étaient en train de prendre sur le programme à cause de l'armée.

IV

On ne voyait plus personne, le soir, aux terrasses des cafés, dont les auvents claquaient au-dessus des chaises vides, et seules quelques silhouettes s'aventuraient, avant le couvre-feu, pour des promenades hâtives sur l'avenue d'Orléans. L'unique distraction était le cinéma. Jamais les affiches du Régent, sur des panneaux de plus en plus vastes alignés le long des boulevards, n'avaient rutilé d'autant de couleurs — de cirque, presque —, comme si elles venaient d'être peintes et se voulaient un défi de sensualité à la tension brumeuse et à la léthargie angoissée qui régnaient désormais en permanence dans la ville. Je me rendais chaque jeudi après-midi à la première séance, celle de deux heures, inventant — quand mes parents ne m'en donnaient pas l'autorisation — que je rejoignais Bambi dans sa villa, et n'hésitant pas à voler, dans l'ancienne boîte de pastilles Pullmol, au fond du tiroir du buffet de la cuisine, les pièces de vingt centimes que j'accumulais, jour après jour, pour atteindre le prix du billet. C'était une excitation supplémentaire d'essayer de se glisser parmi la foule qui, sur les marches, attendait d'être fouillée, de se battre pour arriver, à demi asphyxié, jusqu'à la porte du cinéma dont un seul battant était ouvert, d'être soulevé par le soldat qui la gardait et contrôlait mes poches, avant d'être catapulté dans le hall où je finissais par me renverser sur le propriétaire. Il fermait les yeux quand c'était un film interdit aux moins de seize ans, avait un sourire à la fois égrillard et indulgent en faisant signe au guichetier de me laisser passer. Dans la salle, on devait ouvrir son fauteuil avec une extrême prudence, au cas où une bombe y aurait été placée, et les spectateurs qui, inclinés, inspectaient leurs sièges avec une délicatesse craintive, prenaient des allures de détectives fantômes. Assis au troisième rang de l'orchestre, j'avais une impression de féerie anxieuse tandis que, de derrière l'immense rideau or, emportant peu à peu l'appréhension générale, s'élevait une musique de mambos, de rumbas et de souvenirs de bals.

Un soir d'avril, madame Arnoul demanda à ma mère la permission de m'emmener à la deuxième séance, la « grande » — celle de cinq heures. Elle semblait si heureuse de marcher à nouveau à mes côtés, dans le tailleur rose qu'elle avait étrenné le soir de la communion, et me prenait la main, comme si j'étais son fils, sous les branches des palmiers atteints, de très loin, par les reflets du néon du cinéma illuminé. Elle demandait au guichet les « meilleures places » : les loges, au balcon, où je n'étais jamais monté et que j'admirais pour leurs anses tendues de velours bleu nuit et leurs sièges en cuir brun moiré — là où s'installaient toujours, parce que leurs places étaient réservées depuis des générations, les femmes de colons qui, profitant de ce qu'un peu de neige brillât encore sur les sommets des Aurès et juste avant que n'arrivent les premières chaleurs, se dépêchaient d'arborer leurs étoles de fourrure blanche ou de renard gris. Madame Arnoul osait à peine se retourner vers elles, tâtonnait, comme au bord du vertige, sur la rampe du balcon, répondait, par un sourire de bien-être gauche, aux Sage qui, plus loin, dans une loge latérale, s'étonnaient de nous voir côte à côte. Elle semblait ne pas se souvenir qu'il y eût un entracte, m'offrait fiévreusement un paquet de bonbons Krema « Batna » (dont je me demandais par quel miracle notre petite ville perdue avait été choisie pour en désigner la marque), ouvrait trop brusquement son porte-monnaie, si bien que les pièces roulaient sur les marches des loges au moment où l'obscurité revenait.

Aux dernières images de *Trapèze*, elle enfila la veste de son tailleur qu'elle avait retirée au milieu du film, et n'attendit pas, pour se lever, que le mot « fin » s'inscrivît sur l'écran, par crainte peut-être d'être prise dans la foule qui nous aurait mis en retard. Je ne comprenais pas sa hâte, moi qui aimais tant rester dans mon fauteuil jusqu'à ce que le rideau se referme et que les lumières des appliques achèvent de s'éteindre au-dessus des rangées déjà vides. Et puis j'aurais voulu m'attarder, ce soir-là, au balcon, sous les panneaux de laque brun et or auxquels succé-daient les cascades de fronces en satin rose pâle que, d'habitude, je devinais à peine depuis l'orchestre. Nous étions arrivés juste au début de l'avenue (ai-je vraiment aperçu la silhouette du musulman embusqué derrière une Aronde, ou l'ai-je réinventé depuis ?). Alors que nous parve-nait la rumeur de la foule qui, derrière nous, commençait à descendre l'escalier aux marches hautes et étroites, il y eut deux détonations de grenades si fortes que je crus en avoir le cœur brûlé. Le visage de madame Arnoul me parut déporté à quelques mètres avant qu'au premier écho d'une fusillade, qui éclatait tout près, elle ne me rabattît d'un coup sur le sol, une main me recouvrant la tête et l'autre tendue en avant, comme si elle espérait détourner magiquement la balle perdue qui pourrait m'atteindre. Dans ma bouche entrait tout le bruit du boulevard martelé par les balles et les talons des soldats qui devaient poursuivre le terroriste. Puis quelqu'un nous souleva tous les deux, nous entraîna très vite vers une salle dont le rideau de fer retomba aussitôt derrière nous. J'étais tellement chaviré de peur qu'il me fallut quelques instants pour me rendre compte — tandis qu'elle me pressait contre elle pour calmer mes tremblements — que nous étions dans un café maure, au milieu d'hommes en gandoura, muets, chacun devant un verre de thé. Ils écoutaient, impassibles, les claquements des portes des ambulances et les hurlements de chagrin de ceux qui étaient sans doute agenouillés sur le trottoir du cinéma, à côté de corps blessés ou sans vie, dont je ne connaissais pas encore les noms, priant, les poings serrés, pour que ne se trouvât pas parmi eux ma petite Bambi.

Une heure plus tard, on assenait des coups de crosse contre le rideau de fer. Des soldats, interloqués par notre présence dans le café maure, nous emmenèrent précipitamment avant de nous embarquer à bord d'une jeep qui nous reconduisit à toute allure à la Maison. Pendant la traversée de la ville qui n'avait jamais été aussi sombre, madame Arnoul continuait à me tenir enfoui dans ses bras, comme pour me protéger de rafales de feu qui descendraient du ciel. Ma mère, qui ne se souciait pas de l'ordre, qu'on avait donné par haut-parleur, de fermer tous les volets, nous attendait sur le balcon. Elle dévala l'escalier, m'arracha de madame Arnoul en lui lançant un regard, non pas de reconnaissance — ainsi que je l'espérais — mais d'hostilité rancunière et presque de haine, comme si elle l'accusait de m'avoir fait courir le risque de mourir. Madame Arnoul se contenta de détourner la tête et de monter lentement vers l'appartement du nord où son mari l'attendait sur le palier. Alors seulement j'aperçus une ligne de sang sur la rampe de l'escalier : sa main avait dû être éraflée par une balle perdue. J'aurais voulu courir vers elle, la soigner, mais ma mère, qui ne m'écoutait pas quand je lui criais que madame Arnoul m'avait sauvé, m'emmenait déjà vers la terrasse où j'étais emporté de bras en bras et béni de baisers, tel un ressuscité, jusqu'à Jean-Pierre Vizzavona. Il me serrait très fort comme dans sa chambre, l'été. Les Sage étaient indemnes, Bambi était revenue, m'assurait-il, et il m'aidait à pleurer de soulagement contre lui.

Tous étaient là, sur la terrasse. Même s'ils n'avaient pas quitté la Maison de toute la soirée, les uns et les autres se tenaient le visage entre les mains, riant, pleurant, s'écriant : « Tu en as réchappé... Tu en as réchappé... » Peu à peu, des noms de voisins du Stand, de camarades qui avaient pu succomber, commençaient à circuler sur les galeries. La tristesse de la ville éteinte, où il n'y avait pour tout bruit que les sirènes des dernières ambulances et les pas des patrouilles s'éloignant vers la route de Lambèse, retombait sur nous. Et les habitants de la Maison, épuisés à la fois par le bonheur de se savoir épargnés et l'intuition désespérée des deuils voisins, regagnaient les appartements en se soutenant comme des éclopés. Toutes les cinq minutes, mes parents ouvraient la porte de ma chambre, s'approchaient de mon lit et venaient m'embrasser avant de se chuchoter que je dormais tranquille. Mais je faisais semblant, hanté par les gémissements de madame Arnoul chaque fois que, derrière la cloi-

son, son mari versait de l'alcool sur sa main
blessée.

Il y avait une telle peine dans le cimetière, le
surlendemain, alors qu'on descendait en terre les
cercueils où reposaient mes camarades dans les
chaussons blancs et les tuniques bleues qu'ils
auraient dû porter, quelques jours plus tard, pour
la fête sportive du lycée. Avant qu'on ne les
refermât, j'avais contemplé leurs visages aussi
calmes que l'après-midi où, exténués par les
répétitions des figures d'athlétisme, ils s'étaient
endormis près de leurs cerceaux, sur les tapis en
linoléum du gymnase encerclé par la tempête de
sirocco. Ils paraissaient soudain si sages, les élèves
de la 6e S, dont on disait qu'ils étaient les plus
turbulents du lycée : de véritables têtes brûlées
qui n'hésitaient pas à se jeter du haut du balcon
du fortin dans les fossés de rocailles, ou à courir,
sans le savoir, à la rencontre d'une grenade dans
la nuit. Toute la colonie européenne était ras-
semblée dans les quatre allées du cimetière et
formait une immense croix noire sous le ciel
bleu. L'air tiède était déjà celui du printemps
mais tous grelottaient de chagrin comme s'ils
étaient pris, un matin d'hiver, dans les bour-

rasques glacées qui descendaient des sommets des Aurès. La Maison aussi était là, au coude à coude. On avait même amené madame Victor, installée sur sa chaise, à l'ombre d'un olivier, des larmes rondes et figées sur ses joues pareilles à de nouvelles perles de chair. Madame Arnoul se tenait légèrement à l'écart, la main blessée à l'intérieur de la poche de son tailleur de Pentecôte et son foulard claquant au loin, dans le vent, telle une petite oriflamme noire.

Lorsque, à la fin de la cérémonie, les familles endeuillées commençaient à revenir dans l'allée centrale, monsieur Vizzavona leur criait : « On les aura... » Mais voûtés et les yeux presque clos à force de larmes, trop malheureux pour chercher à punir ceux qui avaient arrêté leur vie, ils semblaient ne pas l'entendre, ne se souvenant ni du pays ni de l'année où ils se trouvaient. D'ailleurs, ce n'était bientôt sur ses lèvres qu'une psalmodie désolée à laquelle il ne croyait plus vraiment, car le spectacle de ces longues files résignées et trébuchant de chagrin dans les pierres de l'allée finissait par éteindre sa rancune et son désir de représailles.

L'après-midi, tout le monde, à la Maison, resta cloîtré dans les appartements. Il n'y avait dehors que nous, les enfants, qui nous serrions les uns contre les autres sur le banc, le menton contre les jambes relevées — comme les jours des grandes crues de l'oued où les eaux sombres s'infiltraient sous le porche —, alors que le vent ouvrait les portes de l'entrepôt sur l'or des grains où nous n'avions même plus envie de nous lancer. Il n'y avait pas une villa du Stand qui ne fût voilée de noir et de silence. Bambi vivait terrée depuis le soir de l'attentat. Elle avait aperçu — disait-elle — le terroriste depuis la terrasse du café, face au Régent, où elle se trouvait avec ses parents. Au commissariat où, quelques jours plus tard, on avait fait défiler devant elle les suspects arrêtés, elle avait désigné l'un d'eux avec une telle assurance qu'on l'exécuta peu après. Mais, dès le lendemain, et chaque jour ensuite, ses parents reçurent des dessins, signés du F.L.N., qui la représentaient étranglée. Elle n'allait plus au lycée et, en fin d'après-midi, quand j'en revenais, je passais lui apporter ses devoirs. Je la découvrais, retranchée dans sa chambre, immobile derrière les volets qu'on avait consolidés. En l'espace de quelques jours, son visage était devenu celui d'une petite vieille apeurée. Elle fixait sans cesse le mur où les silhouettes de terroristes semblaient défiler à l'infini sous ses yeux. Je jouais auprès d'elle au maître d'école, mais elle n'arrivait jamais à terminer un exercice ni à retenir la moindre leçon, et elle finissait par me supplier de faire les devoirs à sa place. J'essayais de la dérider en alignant sur la véranda les tas de noyaux d'abricots que je visais au plus juste, pour qu'elle m'applaudît comme avant, mais le claquement presque métallique — pareil au déclic d'un chargeur de pistolet — qu'ils produisaient en s'écroulant et en roulant sur les carreaux la faisait à chaque fois sursauter. Je l'entraînais vers la balançoire ; au bout de deux ou trois envolées, elle me demandait d'arrêter, comme si elle avait peur que le ciel ne s'emplît soudain d'ombres criminelles. Un seul geste amenait un sourire sur ses lèvres : lorsque je lui apportais sur un plateau un verre de grenadine glacée et jouais au serveur déboussolé sur un pont de navire qui tanguait. Peut-être lui rappelais-je ainsi la dernière scène de vie légère à laquelle elle avait assisté juste avant l'explosion.

Il y eut ensuite des semaines de paix triste. L'attentat avait vidé le quartier de ses capacités de révolte et de douleur. Une sorte de fatalisme épuisé, au lieu d'aggraver la peur, l'annulait, procurait à chacun, par trop de larmes versées, un sentiment d'impunité, une insouciance lasse qui ramenait les joueurs sur le terrain de la Boule

batnéenne, les promeneurs dans les allées Bocca
— où il arrivait même à certains de s'attarder en
bravant le couvre-feu — et au Régent les spectateurs qui, en montant l'escalier, feignaient de ne
pas voir les parois encore grêlées par les éclats de
grenades. Ma mère, qui pour la première fois
délaissait son ménage et la correction de ses
cahiers, m'emmenait pour des courses jusqu'à la
place des Arcades. Peut-être éprouvait-elle un
malin plaisir à passer sous le balcon de l'appartement du nord. Elle voulait montrer à madame
Arnoul qui, derrière sa fenêtre, essayait de repasser de sa main gauche, qu'elle ne lui avait pas
encore pardonné son « inconscience » et que
c'était elle qui, désormais, m'accompagnait en
ville, tandis que, tremblant de gêne, je m'effor-
çais de frôler la paroi de la Maison afin de
demeurer invisible.

V

Les combats redoublaient dans les Aurès. De nouveaux renforts affluaient à Batna. Bientôt il n'y eut plus assez de bâtiments en ville pour les loger. Aussi la cour fut-elle réquisitionnée. Les premiers Dodge arrivèrent un matin ; des soldats en descendirent, prirent à peine le temps d'examiner la cour et, presque aussitôt, montèrent la tente avant d'installer dans un angle le radar et de le recouvrir, tel un trésor de guerre, d'une bâche goudronnée. Ils retirèrent l'amas de blé de l'entrepôt, y rangèrent toutes les pièces d'artillerie : c'était un arsenal secret où il nous était désormais interdit d'entrer. La Maison cessait d'être cette anomalie architecturale dont nous souffrions vaguement qu'elle fût monumentale et sans grâce face à la délicatesse des villas, des jardins et de leurs fontaines. Avec ses hauts murs hérissés de tessons que les soldats avaient plantés sur les rebords de ciment et qui s'alignaient comme des poings de verre, elle était devenue une sorte de forteresse à l'abri de laquelle se blottissaient les résidences du Stand. Nous en retirions un sentiment d'impunité tout en étant fiers de protéger ceux qui nous entouraient. Les militaires n'enlevèrent pas le banc, ne le déplacèrent même pas, me laissant cette enclave où je feignais de continuer à travailler. Ils riaient de m'y voir installé avec mes livres et mes cahiers, me caressaient rudement la tête en passant et finirent — comme je le souhaitais — par m'admettre à l'intérieur de la tente où j'assistais à leur repas du soir. J'aimais m'immerger dans leurs braillements et leurs plaisanteries surexcitées que je ne comprenais pas toujours mais qui me donnaient l'illusion — surtout quand, hilares, ils me prenaient à témoin — que j'acquérais, d'un coup, quelques années de plus. Je serais resté là toute la nuit, envoûté par les odeurs mêlées de soupe tiède, de gamelles de métal, de sueur, de gourmettes roussies par les feux des combats, de bière chaude qu'ils renversaient sur leurs poitrines nues et de sable brûlé dont crissait encore le papier d'emballage des pâtes de fruits qui leur restaient des « colis d'opérations » et qu'ils m'offraient avant que je ne remonte.

Ils s'asseyaient au bord des lits, le transistor collé à l'oreille pour écouter les chansons et les voix de Métropole. Je surplombais la tente depuis la terrasse où j'attendais que s'éteignent les grésillements des postes puis les reflets des lampes-tempêtes. Les ombres, très fines, qui se balançaient sur la toile et se croisaient avant de se confondre parfois paraissaient celles d'équilibristes répétant dans un cirque un numéro secret. Puis on commença à les fêter car chaque famille voulait avoir « son » soldat qu'elle conviait à dîner. Celui qui en avait donné l'exemple et avait incité toute la Maison à les inviter à tour de rôle était monsieur Vizzavona. Il leur criait très fort, dans l'espoir d'être entendu de toutes les allées du Stand et même des ruelles du quartier musulman : « Vous êtes nos sauveurs... » Il aurait voulu qu'on les portât à tout propos en triomphe, leur distribuait des bouteilles d'anisette pour noyer la réticence anxieuse des moins aguerris et stimuler l'ardeur des autres à nous défendre, et semblait leur promettre — tel un trophée qu'ils remporteraient le jour de la victoire, dont il ne doutait pas — sa fille Anne-Marie qui, moulée dans une robe rouge, fardée et platinée pour l'occasion, était chargée d'accueillir au bas de l'escalier le soldat qui était l'élu de la soirée.

Parfois, je les entendais partir en opérations un peu avant l'aube et me levais pour suivre les halos des phares des Dodge qui, leur moteur au plus bas, semblaient gagner clandestinement la route des montagnes avant de disparaître dans la brume froide. J'aimais, quand ils étaient partis, ces jours déserts où, les cours étant annulés au lycée — moins à cause des attentats que des manifestations meurtrières qui se déroulaient aux alentours —, je pénétrais sous la tente. J'allais de lit en lit en soulevant chaque oreiller pour y découvrir une fiole d'alcool à moitié vide, une statuette bénie, l'écharpe qu'une mère avait dû tendre sur un quai à la dernière minute, un mouchoir où achevait de s'effacer l'empreinte du rouge à lèvres d'une fiancée. Je finissais par m'allonger sur l'un des lits et, les yeux mi-clos, y restais des heures entières. J'avais à la fois une sorte d'émerveillement à veiller seul sur ce domaine de toile, comme s'ils m'avaient confié le soin d'être le gardien de leurs secrets, et de tendresse épouvantée car je les imaginais au même instant sauter sur une mine dans les défilés du djebel Amor ou basculer, pour y mourir d'asphyxie, dans les trappes recouvertes par de fausses touffes de buissons séchés ou des boucliers de neige en hiver.

Quand ils revenaient, en plein jour parfois, ils s'abattaient, harassés, sur les lits sans avoir même la force de retirer leurs casques et leurs bardas couleur de terre et de sang séché. Chavirés d'horreurs dont ils ne savaient plus s'ils les avaient subies ou commises, ils ressemblaient, sous la toile affaissée par le poids du sable des dernières tempêtes, à l'équipage endormi d'une galère condamnée à dériver puis à sombrer dans une mer brûlante. L'écho d'une chanson sur un électrophone au loin ou de querelles sur des balcons leur rappelait qu'il y avait une ville autour d'eux, qu'ils allaient connaître le répit d'un bain sous un ciel où les étoiles ne leur serviraient plus seulement à se guider dans le djebel. Ils plongeaient instinctivement la main sous l'oreiller pour vérifier que leur objet fétiche était là. Mais ils se rendaient compte, en même temps, que certains lits resteraient vides à jamais, que des camarades ne reviendraient plus. Ils s'enivraient très vite à la bière ou à l'anisette que monsieur Vizzavona continuait à leur apporter. Mais le temps où ils étaient flattés par ses louanges criardes était révolu ; ils lui arrachaient presque les bouteilles des mains sans le regarder ni même le remercier et, dès qu'il s'était retourné, marmonnaient : « Il parle, il parle, celui-là... Il ferait mieux d'aller se battre... » Gorgés d'alcool, ils tanguaient épaule contre épaule autour de celui qui, accroupi, rassemblait les effets du camarade tué dans les Aurès avant de les empiler, avec des gestes que la douleur rendait presque féminins, dans la valise qu'il avait en embarquant à Marseille. Ces soirs-là, ils me prenaient tour à tour dans leurs bras et me fixaient avec une telle intensité comme si, pour ne pas s'abîmer davantage, ne pas perdre ce qui leur restait d'humanité, de bonté et de foi dans le monde, ils recherchaient en moi une preuve d'enfance et, peut-être, en imaginant pour moi un avenir qu'ils ne concevaient plus pour eux-mêmes, une raison, au moins, de mourir.

De plus en plus ivres, ils me confiaient des messages — ces bouts de papier pliés à la hâte que j'avais la tentation d'ouvrir en courant à travers les escaliers et les galeries et où je saurais plus tard qu'ils avaient inscrit leur nom, leur heure de passage et la somme qu'ils proposaient. Je les portais aux bonnes retirées dans les buanderies, qu'elles avaient transformées — depuis qu'elles ne pouvaient plus rejoindre le Village Nègre à cause du couvre-feu et des barrages de l'armée — en chambres de fortune avec une simple natte étendue au pied des bassins éteints.

Je frappais doucement à la porte ; elles saisissaient le message avec une fébrilité presque dure. Et je m'étonnais que les bonnes des Sage qui, il y avait encore quelques mois, évoluaient, presque indistinctes à force de minutie égale et discrète sous les lustres-cygnes de l'appartement, s'offrent ainsi sans scrupule à longueur de nuit. Sans doute était-ce par désespoir ou par ruse. On racontait qu'une pensionnaire musulmane de l'Établissement, au carrefour de la route de Lambèse, avait tranché le sexe d'un soldat avec un bout de verre entre ses cuisses — ce qui provoquait une sensation de peur surexcitée chez Jean-Pierre Vizzavona qui, immobile sur la terrasse, regardait bouger, sur le rideau en plastique de la lucarne de la buanderie, les ombres enlacées du soldat et de la bonne. Je savais qu'en me voyant courir avec autant de zèle, madame Arnoul, qui se tenait à la fenêtre de sa cuisine, avait un air de réprobation. Je m'obstinais pourtant à accomplir ces missions avec une vanité survoltée, même si elle s'attristait que je préfère désormais la compagnie des soldats à la sienne. Elle venait de participer, avec une prévenance forcée, aux préparatifs de son mari qui, enrôlé dans les unités territoriales, descendait rejoindre son poste de garde sur la route de Biskra, en prenant un air exagérément martial que tentait d'imiter mon père, si frêle et flottant dans sa capote neuve. Embarrassé et timide, il ne savait comment tenir son fusil. Quand ils s'éloignaient tous les deux dans la nuit, avec leur arme d'un côté et, de l'autre, leur panier empli de victuailles, ils avaient plutôt l'allure de soldats de comédie montant vers un décor de fortins et un ciel de guerre imaginaire.

Un soir, la jeune sœur de l'une des bonnes qui, surprise par le couvre-feu, était restée auprès d'elle à la Maison, avait été saisie par un soldat qui l'attendait dans l'ombre de la terrasse. Il lui tordit les poignets et s'apprêtait à la plaquer contre un mur, mais elle réussit à se délivrer, courut, affolée et pieds nus, sur les galeries vers madame Arnoul. Elle la prit derrière elle, la protégea de son corps et lança au soldat un tel regard de répulsion glacée qu'il recula et redescendit, tête baissée, dans la cour. À partir de ce jour, les voisines, qui s'amusaient avec des rires indulgents des allées et venues des soldats, décrétèrent avec un accent de condamnation que madame Arnoul était « du côté des Arabes ». Elle « aggravait son cas », prétendaient-elles, car elle ne recevait pour toute visite, en l'absence de son mari, que celle des sœurs Belkhacem : elles continuaient à lui apporter le plat, enveloppé d'un torchon blanc, dont je pressentais qu'il ne contenait pas uniquement des tuiles de miel.

La jeune musulmane s'appelait Z'Bida. Ma mère lui demanda de venir la seconder car mon père, victime d'une syncope grave après un don excessif de sang pour une patrouille tombée dans une embuscade à Beni Mansour, avait dû s'aliter pendant des semaines, incapable de parler sauf pour exprimer son tourment d'abandonner, ne serait-ce que momentanément, ses amis et la défense de son pays. Je l'avais tout de suite aimée, Z'Bida ; elle était si belle avec son visage de madone berbère, ses longues nattes au bout desquelles elle nouait un ruban de satin vert, la peau ambrée de ses bras, qu'elle découvrait en relevant les manches de son saroual lorsqu'elle faisait le ménage. Veillant à ne jamais heurter les bibelots entre eux pour ne pas troubler, dans la journée, le sommeil de mon père, elle s'évertuait à ne pas laisser le moindre grain de poussière dans les arabesques des plateaux de cuivre ou les incrustations du damier en bois de cèdre du buffet. Même si elle avait surmonté sa réticence à confier le chiffon de poussière à une autre qu'elle-même, ma mère ne pouvait s'empêcher de « passer » derrière elle en lui adressant parfois de légers reproches. Malgré sa fierté, Z'Bida ne s'en offusquait pas, se contentait de lever vers elle un regard plein de respect attendri. Lorsque, occupée à laver les vitres, elle la voyait, du haut du balcon, arriver à quatre heures en ployant sous les cinquante cahiers qu'elle parvenait à peine à coincer sous les bras, Z'Bida descendait précipitamment de son escabeau et courait dans la rue pour l'en décharger. Elle avait un tel sourire d'admiration pour son dévouement qu'elle semblait toujours sur le point de lui crier « Merci » au nom de sa race. Elle l'aurait embrassée quand ma mère répliquait que ses élèves « avaient besoin d'elle » à monsieur Vizzavona qui s'étonnait, en la voyant à bout de forces, qu'elle continuât à se tuer pour eux et lui conseillait de les laisser dans leur état d'« analphabètes » avant d'ajouter : « Vous ne voyez pas qu'ils sont en train d'utiliser tout ce que vous leur enseignez pour nous dicter bientôt leur loi ?... » Quand elles étaient remontées, Z'Bida lui tendait une cuillère de sirop d'eucalyptus pour adoucir sa gorge épuisée par la tension rauque avec laquelle elle avait parlé toute la journée. Peut-être ai-je tant aimé aussi Z'Bida que parce que, tant qu'elle fut présente, il n'y eut plus de querelles entre mes parents. Je ne sentais plus entre eux — même longtemps après la convalescence de mon père où on lui demanda de rester à nos côtés — la tentation des cris. Comme s'ils n'osaient plus se donner en spectacle devant elle et avaient conclu — esquissant parfois l'un envers l'autre des gestes d'affection gauche — un armistice secret.

Ma mère faisait de plus en plus confiance à Z'Bida et lui avait cédé un jour la cuisine, où elle interdisait pourtant à quiconque d'entrer, pour qu'elle préparât, dans la marmite qui bouillait sur la cuisinière, les cornes de gazelle dont les effluves de miel imprégnèrent, pendant des semaines, les tentures et les tapis. Quand Z'Bida allait étendre le linge, je l'accompagnais sur la terrasse. Elle tremblait de reconnaissance chaque fois qu'elle y apercevait madame Arnoul. C'étaient des batailles de blancheur quand nous courions ensemble après les draps, que la tempête de sirocco détachait des cordes, pour les empêcher d'aller s'échouer dans la cour. Elles criaient de soulagement lorsqu'elles arrivaient à les plaquer contre les balustrades, au bord de ce qu'elles considéraient comme un enfer de suie et de tôles. Puis elles joignaient les mains, unies par la même hostilité rancunière et le désir secret que tout — de la tente à la dernière caisse de munitions — brûlât bientôt. Je n'y descendais plus et restais le soir dans ma chambre, à écouter Z'Bida chantonner, derrière la cloison de la petite pièce qu'on avait aménagée pour elle, des mélopées berbères tout en brodant un des haïks en laine de soie qui étaient la spécialité du Village Blanc où elle était née, dans les Aurès. Elle me promettait de m'y emmener — « quand la guerre serait finie », disait-elle avec un sourire de volonté triste, lorsqu'elle me permettait d'entrer et de m'asseoir sur le lit à ses côtés.

En fin d'après-midi, elle prit l'habitude de partir rendre visite — disait-elle — à un cousin qui habitait aux limites du Stand. Elle n'en rentrait jamais heureuse. Des rides de tension s'étaient inscrites sur son front, elle ne chantonnait plus. Et puis, un soir, elle ne revint pas. Nous l'attendîmes en vain le lendemain et les jours suivants. Pour se rassurer, ma mère mit — avec une indulgence désolée dans la voix — son absence sur le compte d'une histoire d'amour. Elle imaginait aussi que Z'Bida était retournée au Village Blanc. Mais elle n'y croyait pas vraiment. Mon père, lui, enquêtait auprès des ouvriers de la minoterie en leur demandant s'ils la connaissaient ; mais ils se contentaient, l'un après l'autre, de secouer la tête en silence. Tard, un soir, un soldat vint frapper à la porte-fenêtre de la cuisine et, après un long silence gêné, il annonça à ma mère, en se détournant un peu, que sa patrouille avait découvert, sur un chemin du djebel Amor, Z'Bida, la poitrine éclatée par une décharge de mitraillette. Elle s'était rangée aux côtés du F.L.N., ajoutait-il, avec un respect bouleversé qui l'emportait sur l'habitude du ressentiment. Une fois qu'il fut parti, ma mère se retourna, ferma le cahier qu'elle était en train de corriger et s'assit en pleurant près de la cuisinière où ses doigts tâtonnaient, paraissaient rechercher les traces du parfum des cornes de gazelle que Z'Bida y avait fait cuire le matin de la fête du Mouloud. Je retournai m'enfermer dans la petite pièce où reposait sur le lit — l'aiguille encore piquée dans un feston doré — le haïk de soie qu'elle y avait laissé comme pour me prouver qu'elle reviendrait.

VI

Il y eut le putsch des généraux, les nuits presque entières que mon père passait, l'oreille collée à la toile beige de l'énorme poste défectueux de T.S.F. pour suivre, minute après minute, les événements tandis que ma mère — en prévision d'un état de siège dont elle croyait qu'il pourrait durer des semaines — recomptait dans le buffet les bouteilles d'huile et les boîtes de sucre. Dans les intervalles musicaux s'élevait la voix de tribun surexcité de monsieur Vizzavona qui, du haut de l'escalier, exhortait les soldats à se rallier aux généraux, en s'indignant de ce qu'ils se fussent retirés sous la tente au lieu de se précipiter à Alger. Une même espérance de paix prochaine traversait la Maison. J'imaginais, à mon tour, le temps où Bambi ne serait plus une séquestrée volontaire dans sa villa, n'aurait plus peur de la moindre ombre dans son jardin, et où, à la sortie du Régent, je pourrais à nouveau me promener avec madame Arnoul sur les allées Bocca dans des nuits sans couvre-feu. Mais, un soir, il n'y eut plus de rassemblement fiévreux sur les terrasses, plus le moindre commentaire utopique ; les radios se turent, on tira les rideaux. Sur tout le Stand descendit un silence de bal brisé.

Il plut pendant plusieurs jours sur les Aurès, les averses de Pâques n'en finissaient pas de se succéder. On n'apercevait presque plus les collines et les palmiers des allées Bocca, tellement une brume compacte encerclait Batna où flottait une odeur de charbon, de poulaillers et d'armes noyés. Je revenais du lycée, il devait être cinq heures, mais il semblait que la nuit fût déjà tombée. Je vis, de loin, madame Arnoul apparaître sur le seuil de la Maison. Elle devait aller acheter à l'épicerie Buffa sa barquette de fèves au coriandre. Je ne m'inquiétai pas, d'abord, de ce qu'une voiture, aux phares tamisés, s'arrêtât près d'elle. Deux hommes en surgirent, l'agrippèrent, la firent basculer sur la banquette arrière. À peine eus-je le temps d'apercevoir son visage soufflé par la peur. J'essayai de courir après la voiture, mais elle bifurquait déjà vers le boulevard Clemenceau avant que la pluie ne la recouvrît. Je criai pour prévenir quelqu'un de la Maison, mais l'averse martelait si fort les vitres fermées que personne ne m'entendait. Seule surgit sur le trottoir la silhouette de monsieur Vizzavona qui revenait de la minoterie. Je l'imaginai aussitôt complice de son enlèvement. Envahi par une colère qui me brûlait le cœur, je frappai, à coups redoublés, ses jambes et sa poitrine. Je ne le voyais plus, tellement j'étais aveuglé par mes pleurs de rage désespérée, je l'entendais simplement dire : « Mais qu'est-ce qui te prend ?... Tu ne vois pas qu'elle est du côté des Arabes ?... qu'elle nous a trahis... » Parce que retentissait la sirène du couvre-feu, qu'il redoutait peut-être que je ne m'élance au-devant d'une balle perdue et qu'il ne voulait pas s'en sentir responsable, il me dit : « Ne t'inquiète pas pour elle... C'est juste un avertissement... » Il me retint par les épaules, m'obligeant à rentrer sous le porche de la Maison. Quelque chose brillait sur le sol. C'était son oiseau de grenat — le seul bijou, hérité de sa mère, qu'elle eût jamais possédé, et qui s'était détaché du revers de sa veste. Je le recueillis et le serrai dans la paume de la main droite jusqu'à ce que le tranchant des ailes de nacre me déchirât la peau. Tant que je le tiendrais ainsi, j'étais sûr qu'il ne pourrait rien lui arriver de mal. Soudain épuisé, sachant qu'il serait inutile que je coure d'appartement en appartement pour raconter la scène à tous les voisins qui se méfiaient d'elle depuis trop longtemps, je remontai dans ma chambre et me couchai.

À cause, sans doute, du manque de visibilité dû à la pluie, le D.C.3 d'Air Algérie ne bifurquait plus vers les collines, survolait à nouveau la ville. Mais ce n'était plus qu'un grondement dérisoire, l'écho ironique de notre rêve commun de départ. Seul mon père, que monsieur Vizzavona avait dû prévenir de l'enlèvement, avait compris mon chagrin. Avant de partir monter à nouveau la garde au fortin de la route de Biskra, il s'était penché vers moi et je me souviendrais toujours de la caresse rêche du col de son manteau militaire sur mes joues, du contact satiné de l'insigne brodé sur le revers tandis qu'il me chuchotait pour me consoler : « Tout le monde finit, un jour ou l'autre, par revenir à la Maison... » J'aurais tant voulu entendre — s'élevant de derrière la cloison de l'appartement du nord — la musique du petit lapin dont elle ne ferait plus jouer les baguettes d'or alors que le seul point lumineux auquel elle se raccrochait peut-être encore dans la nuit où on l'emmenait était l'étoile de tissu orange piquée sur l'archipel de la Sonde. Je me reprochais — même si, depuis longtemps, nous n'avions plus l'occasion de descendre vers le wagon ou de rêver ensemble sur la mappemonde — de ne pas être resté aussi souvent à ses côtés, de l'avoir abandonnée à une solitude qui l'avait poussée à commettre des actes clandestins et dangereux, dont je ne voulais pas éclaircir la nature et que je lui pardonnais d'avance.

Je m'accusais aussi de lui avoir préféré, ces derniers mois, les soldats. Je ne les aimais plus quand il m'arrivait de redescendre dans la cour. Elle me dégoûtait presque, l'odeur de vieux mazout, de métal calciné et de bâche moisie qui en émanait. Je n'étais plus fasciné que par le radar. Le globe de verre emmagasinait si bien, à la fin des pluies, le soleil et la chaleur que j'avais l'impression, dès que je m'en approchais, de pénétrer au cœur de l'été, d'être repris par la fournaise des jours où madame Arnoul répandait des bassines d'eau sur mon corps brûlant. D'ailleurs les soldats semblaient eux-mêmes lassés de la guerre et de la cour. Ils partaient de plus en plus rarement en opérations, noyaient leur désœuvrement désenchanté dans les bières qu'ils buvaient à longueur de journée ou les bouteilles d'anisette que monsieur Vizzavona continuait à leur apporter — moins par conviction que par automatisme ou peur de leur retrait. Renonçant même à leurs éternelles parties de cartes, ils restaient assis sur les marches des Dodge accidentés, assommés d'abandon et de rancœur lasse, prêts à se laisser désarmer tandis que le sable recouvrait leurs paupières et leur rêve de retour en Métropole près des bidons où les abeilles et les sauterelles s'engluaient dans un restant d'huile. Quand la nuit tombait, certains me confiaient encore des messages, mais je n'accomplissais mon rôle d'émissaire auprès des bonnes qu'avec réticence et le cœur serré quand, dans ma course à travers les galeries, je devais longer l'appartement du nord où régnait un silence glacé de prison.

Un seul m'attendrissait : le soldat blessé dans un des derniers combats qui avaient embrasé les Aurès. Claudiquant et la tête ceinturée d'un bandeau, il venait s'asseoir à mes côtés sur le banc et ne se séparait plus de la rose des sables dont s'effritaient, à force de la tenir dans sa main droite, les pétales de roche poudreuse encore rosis de sang séché, et sur laquelle s'étaient crispés, avant de mourir, les doigts de son compagnon abattu près de lui. Il me serrait contre sa vareuse imprégnée par une odeur de résine et de caoutchouc flambés, me parlait, en caressant sa médaille bénie, de sa maison natale de Cassis, où il allait être rapatrié, et de la Méditerranée où il se baignerait à nouveau quand il serait rétabli. La cour, au moment où il l'évoquait, était envahie par une fraîcheur de golfe. Mais, très vite, la silhouette sombre et malheureuse de madame Arnoul venait la traverser et tout s'éteignait autour de moi.

Peut-être était-ce pour défier les voisins, insensibles à sa disparition, ou l'acceptant implicitement, et aussi parce que j'avais pour la première fois échangé avec Mohammed Khair-Eddine un regard de peur à l'idée que notre lien de rivalité affectueuse ne fût bientôt emporté par la haine qui montait de toutes parts et nous médusait (surtout après la bagarre entre les élèves des deux communautés qui, sous le préau, s'étaient lacéré le visage à coups de silex et de boucles de ceinturon, avant de refuser d'entrer en cours, les uns et les autres campant, en loques, sur leurs cartables éventrés), que je lui demandai de venir à la Maison pour travailler ensemble. Il baissa les yeux en entrant dans l'appartement, ne se risqua pas à détailler le moindre objet, car sa dignité lui commandait de ne pas paraître envier ce dont il était privé. Nous nous installâmes devant la table de la salle à manger, résolus à rattraper nous-mêmes les cours qui nous manquaient afin d'achever le programme. Nous inventions les exercices, rédigions les leçons. Il avait toujours un mince sourire d'orgueil ému quand c'était lui qui se souvenait d'un cas particulier de grammaire ou trouvait le sens exact d'un mot. Lorsqu'il le vérifiait dans le dictionnaire de poche usé qu'il portait en permanence sur lui, il était ébloui d'être tombé d'instinct sur l'une des plus fines nuances de la langue française — qu'il aimait tant et dont il craignait d'être exilé le jour où son peuple accéderait à l'indépendance. Là-bas, dans les allées Bocca, éclatait une énième manifestation dont nous ne distinguions pas les slogans. Était-elle pro-musulmane ou pro-Algérie française ? Peu nous importait. À chaque mouvement de foule, à chaque déferlement de cris, nous répondions par l'énoncé d'un théorème, le chapitre de la vie d'un empereur, la liste des comètes ou la carte des deltas du monde. Nous nous interrogions à tour de rôle, souriant et nous hâtant de souffler la bonne réponse quand l'un de nous hésitait ou se trompait, heureux d'affirmer une égalité dont personne ne voulait autour de nous. Nous nous inventions ainsi une petite république à deux, une enclave de paix, un pays rêvé où il n'y aurait que des classes à l'infini, où la seule rumeur serait celle du crissement des craies sur les ardoises et les seuls drapeaux ceux destinés à fêter les élèves qui, montant sur une tribune, tiendraient leur diplôme de bourse blotti contre le cœur.

À peine nous étions-nous aperçus que la nuit était tombée. Il devait rentrer. L'air était exceptionnellement frais. Le vent avait une odeur de cèdres glacés. Il tremblait de froid dans l'escalier, comme les matins d'hiver où nous attendions l'arrivée d'un professeur dans la cour. J'allai chercher, pour le lui donner, mon pull-over à losanges jaunes et noirs. Il eut un premier réflexe d'amour-propre devant ce qui pouvait lui sembler une ébauche de compassion et me dit qu'il n'en avait pas besoin. Puis, pour me faire plaisir, me remercier d'avoir bravé pour lui l'hostilité de la Maison, il l'accepta, le prit sur les épaules et s'éloigna avec une nonchalance fière en se demandant quel chemin prendre pour rejoindre, sans rencontrer de barrages, sa maison du Village Nègre.

VII

Les mois passaient, personne n'évoquait plus madame Arnoul à la Maison. Quand il m'arrivait encore parfois d'interroger mon père sur son sort, il détournait la tête avec un air énigmatique et désolé. Peut-être commençais-je moi-même à l'oublier, sauf le matin de printemps où, accompagnée par une escorte militaire, toute la classe se rendit en car à Lambèse — le professeur d'histoire profitant d'une relative accalmie pour nous emmener visiter l'amphithéâtre romain. Il répétait, à chaque dalle de la voie Appienne que nous parcourions, le mot de « grandeur » dont il voulait nous persuader que nous étions les héritiers. Mais ce mot ne signifiait plus rien à nos yeux et paraissait retomber en cendres autour de nous. Quand nous parvînmes au bout de la voie, là où les dalles s'effritaient dans le versant d'argile sableuse, un camarade tendit la main pour nous montrer la rizière où travaillaient les détenues du pénitencier. J'eus soudain peur de distinguer madame Arnoul parmi les colonnes de femmes en blouse grise qui en remontaient, les bras maculés de boue et piquetés du noir d'encre des sangsues qu'on ne leur avait pas laissé le temps de détacher de leur peau nue. Certaines demeuraient en arrière et continuaient à piquer des plants. Elles risquaient de déraper, à chaque seconde, dans la glaise qui révélait, au hasard du déplacement des mottes, des débris de bambous. Aussi affûtés que des lames de rasoir, ils leur transperçaient le pied sans les faire hurler car, hébétées de misère et de résignation, elles n'apercevaient même pas les cercles d'eau rougie qui s'étalaient autour de leurs mollets. Et si, parfois, elles osaient se redresser, tellement les reins brûlants leur pesaient, c'était pour recevoir aussitôt, en pleine poitrine, le fouet dont la surveillante les lacérait. Cette vision me hanta pendant le reste du parcours à travers les ruines, me rendit incapable d'admirer les mosaïques des thermes de Neptune ou les bleus du bain de Diane, et seul m'en détourna Mohammed Khair-Eddine qui, en remontant dans le car, m'obligeait à me concentrer sur le résumé de la visite que nous avions demandé à rédiger en commun.

Un matin, en me levant, je découvris la cour vide. L'armée était partie pendant la nuit. Il n'y avait plus que de grands cercles de cambouis sur le sol, des rectangles plus pâles à l'emplacement des lits de camp, un tas de gamelles oublié près du bidon d'huile et quelques douilles rouillées que le vent du sud dispersait au bas des marches. Les soldats avaient laissé ouverte la porte de l'entrepôt où, dans l'ombre imprégnée par une odeur de soufre et de poudre froide, le radar — placé de guingois sur un rempart de sacs et dont le globe de verre avait été brisé au cours des dernières opérations — semblait l'élément de décor d'une représentation finie. Ils n'avaient pas retiré les tessons sur les rebords des hauts murs, mais la Maison avait l'air d'une forteresse sans emploi, incapable d'assurer la moindre protection. D'ailleurs les villas, autour, commençaient à être abandonnées l'une après l'autre, puisqu'on prétendait que c'était devenu un jeu d'enfant pour les rebelles de traverser les jardins, de se glisser sur les vérandas et de forcer les portes-fenêtres d'un simple coup d'épaule.

Bambi allait partir. Ses parents me demandèrent de rapporter ses livres à la bibliothèque, de ramener de son casier les osselets, le plumier et le jeu des sept familles recouverts encore par la vieille poussière du temps de paix. Elle était assise sur la véranda, très pâle d'être restée si longtemps cloîtrée, avec, à côté d'elle, les bourses de tissu craquant sous les noyaux d'abricots qu'elle avait accumulés pour moi jusqu'au bout. Elle me prit la main et voulut faire un dernier tour du jardin. Elle cueillit un bouquet de lilas que je devais garder, disait-elle, en souvenir d'elle, même quand il serait séché. Puis elle s'installa sur la balançoire en me demandant de la pousser de plus en plus fort comme si elle voulait retenir le bleu d'un ciel dont on allait l'exiler. Entourée de valises, devant le portail de la villa, elle me tendit le carré de papier millimétré où elle avait écrit son adresse. Mes yeux se brouillaient alors que j'essayais de deviner dans quel coin de France se trouvait la ville où elle partait. Elle se jeta dans mes bras et monta dans la voiture qui prendrait la route de l'aéroport. J'agitai en vain vers elle le bouquet de lilas dont elle oublierait bientôt qu'il avait été, à une époque, le signal de nos rencontres et de nos jeux.

Je revins dans la cour mais fermai les yeux

pour ne pas voir apparaître l'ombre du D.C.3, cet avion maudit qui emportait ceux que j'aimais et que je ne reverrais sans doute plus. Dans l'après-midi, les vagues de manifestants, qui débordaient désormais dans les rues du Stand, vinrent s'abattre contre le porche. On y tambourinait parfois à coups de poing. Je demeurai pourtant sur le banc, malgré les appels affolés de ma mère qui me criait de monter. Elle n'avait jamais été aussi anxieuse et s'acharnait à trier et à raccommoder nos vêtements au cas où nous nous « retrouverions à la rue ». Quand tout s'apaisa, mon père descendit me rejoindre. Il n'osait plus déployer *Le Monde* et se contentait de le lire, plié en quatre, en secret, à la lueur de la lampe-tempête, depuis que monsieur Vizzavona lui avait lancé, avec des accents de rage perdue : « Vous avez de drôles de lectures... Vous pactisez avec les Arabes, maintenant ?... »

Le soir, après que monsieur Vizzavona avait traversé la cour pour aller fermer à double tour la serrure spéciale qu'il avait fait installer sur la grande porte de la Maison, la condamnant ainsi davantage à la solitude, tout s'éteignait autour des terrasses. Il n'y avait plus le moindre grésillement de radio : les nouvelles n'importaient plus et on avait cessé de croire à un revirement de l'Histoire. On entendait seulement, lorsqu'une clameur sourde s'élevait au milieu de la nuit du Village Nègre, le raclement des meubles que les voisins traînaient sur le carrelage des couloirs puis entassaient devant les portes des appartements. Ils espéraient ainsi se défendre contre l'attaque générale, à coups de serpes et de couteaux dont, depuis le départ de l'armée, s'amplifiait de jour en jour la rumeur. Certains imaginaient même que des rebelles s'étaient infiltrés dans l'appartement du nord et s'y tenaient embusqués pour venir nous abattre. Nous étions les seuls, à la Maison, à nous en abstenir, peut-être parce que mon père se sentait protégé par la vieille affection, dénuée de toute pitié, condescendance ou peur, qu'il vouait aux ouvriers musulmans auxquels, en trafiquant les bons, il accordait, à tour de rôle, un sac de semoule supplémentaire pendant la distribution des grains qu'il dirigeait à la fin de chaque semaine.

Alors apparurent sur les murs de Batna les lettres noires : O.A.S. Je ne comprenais pas ce qu'elles signifiaient jusqu'au jour où, revenant du lycée dans le désert de midi, en juin, je vis un homme, embusqué derrière un poteau électrique, tirer sur une vieille femme arabe qui sortait de l'épicerie Buffa. Ce fut bientôt une masse de tissus trempés de rouge que le vent ballottait au bord du trottoir et d'où émergeait à peine un visage que l'épicier, en pleurant, prenait entre ses mains. Il balbutiait quelques mots d'une prière qu'il hâtait de crainte d'être abattu à son tour, tandis que les nèfles roulaient hors du panier sur la chaussée. Tous ces meurtres, auxquels j'assisterais par la suite (le jeune berger assassiné derrière un muret des Terrasses turques, le serveur musulman du café des Arcades qui, atteint par une balle à bout portant, tourna plusieurs fois sur lui-même avant de basculer parmi les tables de la terrasse), se déroulaient avec une telle rapidité, dans un tel silence — jamais le moindre cri de témoin ou écho de sirène d'ambulance — qu'ils en devenaient presque irréels, se ramenaient à des mirages noirs au bout des perspectives brûlantes.

Mon oncle Noël vint nous rendre visite à l'improviste. Je le reconnus à peine quand il apparut sur le seuil, habillé, en civil, d'un ancien costume de Tergal, le visage blanchi par une rancœur désespérée. Il ne resterait que quelques instants, le temps de dîner avec nous — me disait-il, d'une voix sourde — car il devait rejoindre des « camarades » dans le Sud. Il buvait beaucoup à table, partait dans de grands rires sarcastiques, dénigrait à tout propos l'armée, dont il considérait ne plus faire partie car elle avait « tout lâché » ; il répétait que les clairons étaient bons à jeter à la ferraille, que le drapeau français était tellement sali qu'il ne savait plus ce que voulait dire le lever aux couleurs. Ma mère, inquiète de ne pas avoir assez de bouteilles en réserve à lui offrir, n'avait jamais autant appréhendé sa violence, en même temps qu'elle était bouleversée par son amertume. Elle se risqua pourtant à lui demander quelle était sa principale activité en ce moment ; il répondit qu'il était en train de livrer un « autre combat ». Il se flattait, à mesure qu'il enchaînait les verres, de poser des charges de plastic sous des voitures ou dans des bâtiments d'Alger et puis, pointant la main en avant, mimait le geste d'y avoir abattu des inconnus au hasard. Il fixait mon père, le provoquait, l'incitait, puisqu'il n'allait pas tarder à « être renvoyé de son pays », à s'enrôler à son tour dans l'Organisation. Mais mon père qui, pendant toutes ces années, avait réussi à ne jamais se laisser abîmer par la moindre haine et concevait une secrète répulsion pour l'exaltation morbide mise par les membres de l'O.A.S. à achever de saccager sa terre natale, restait muet. Il n'osait pas lui avouer qu'il avait déjà pardonné au peuple qui l'obligerait peut-être à partir. Noël se leva en titubant, bouscula le buffet, manqua briser la collection de brûle-parfums, précédé par ma mère qui, contenant mal son effroi exaspéré, tentait de le guider à travers la salle à manger. Il s'aventura sur la galerie, la parcourut, pathétique et tassé de cruauté désœuvrée, son allure devenue celle d'un tueur à la solde d'une pègre d'occasion, et secrètement épouvanté par ce qu'il finissait de renier de ses anciens idéaux. J'étais soulagé que madame Arnoul ne revît jamais cette ombre de l'officier jouant avec ses gants immaculés qu'elle avait peut-être un jour aimé. Lorsque enfin il s'arrêta de déambuler pour fumer une cigarette, accoudé à la rampe de la galerie, juste devant l'appartement du nord, et qu'il me demanda si elle était toujours là, la « femme du Louvre », je lui répondis — bien qu'oubliant de m'écouter, il se fût déjà retourné — qu'elle était en voyage.

VIII

Elle revint, une nuit. J'entendis d'abord, comme en rêve, les sons égrenés par les baguettes du lapin de peluche au moment où elles heurtaient le tambour. Puis il y eut un long silence avant que ne reprît la cascade de notes. Je me levai, traversé à la fois de bonheur et d'appréhension que la musique ne fût pas réelle, et frappai contre la cloison. Elle me répondit par le mécanisme déréglé qu'elle actionnait plusieurs fois de suite et forçait jusqu'à ce qu'il expirât. Je restai éveillé toute la nuit, descendis dès sept heures. J'aurais tant aimé l'apercevoir mais les volets de l'appartement du nord demeuraient fermés.

Ce fut en sortant du lycée à midi que je la vis. Elle m'attendait dans l'ombre d'un palmier des allées Bocca. Elle ne dit rien quand je m'approchai, me prit la main et, indifférente à la menace des tueurs de l'O.A.S. dont je redoutais qu'ils ne surgissent du fond des rues, où roulaient les barrages défaits de barbelés, elle m'entraîna vers la gare. Elle voulait revoir le wagon. Son visage amaigri et très pâle était celui d'une convalescente chavirée par son premier trajet à travers le jour ensoleillé. Elle flottait dans son tailleur défraîchi de Pentecôte ; le col festonné de son chemisier de dentelle était fermé par un bouton de nacre qui la serrait trop ; cette pression sur son cou accentuait la raideur frêle de ses cordes vocales et le volume de sa pomme d'Adam, qui paraissait masculine et démesurée par rapport à la finesse de ses lèvres sans teinte et presque effacées, à la fragilité de ses pommettes translucides et de ses traits soyeux, au vert perdu de son regard où ne passait aucune ombre amère.

Elle ne prêtait guère attention au quai où, entourées de ballots ficelés, attendaient — fixant, incrédules, épaule contre épaule, les rails, sans parvenir à réaliser qu'elles devaient partir — les demoiselles de Guelma dont la ferme venait de brûler. Elle appuyait très doucement sur la poignée du troisième compartiment du wagon comme pour ne pas troubler le repos d'un passager endormi. Elle ne regardait plus les photographies des stations balnéaires de Métropole alignées au-dessus des fauteuils, passait la main dans le dos de sa jupe puis s'asseyait, droite, dans ce maintien de dignité impérieuse qui lui avait permis de résister aux mois de détention — dont elle ne me révélerait rien, je le savais d'avance. Elle ne semblait en garder que la douleur aux reins qui, au moment où elle se calait dans le fauteuil, l'obligeait, pour tenter de la dominer, à respirer profondément, à dégrafer le bouton du col de son chemisier qui, dans l'entrebâillement du feston de dentelle, à la base des attaches du cou, laissait apparaître la boursouflure d'une veine cognée.

Par pudeur et désir de ne pas me voir m'apitoyer, elle m'empêchait de détailler davantage la blessure en relevant le col de son chemisier et en détournant la tête vers la fenêtre. J'avais peur qu'elle ne crût que je l'avais oubliée pendant son absence et lui tendis l'oiseau de grenat qui était tombé du revers de sa veste, devant la Maison, le soir où on l'avait emmenée. Elle le prit, étonnée, se demandant d'abord de quelle région de son passé il revenait. Puis elle se pencha pour m'embrasser sur le front ; la palpitation nerveuse de ses lèvres que gagnait un flux de rose annonçait enfin un sourire. Il me semblait que le souffle gris de la mauvaise saison se retirait très haut dans le ciel ; comme avant, les ibis couleur du temps s'envolaient au-dessus des champs de boutons-d'or ; les fous masqués frôlaient, de leurs becs caparaçonnés de noir, les étendues mouvantes de chardons. Toutes les teintes de l'ère de paix revenaient dans le compartiment : le jaune cuivré des filets à bagages ; l'éclat de blancheur des reposoirs ; l'incarnat de la passementerie du plafond ; l'azur du tapis, que ne semblaient jamais devoir profaner des pas de hâte ou de colère, pareil à celui placé devant l'autel du monastère de Notre-Dame-des-Neiges vers où, le matin de Pâques, montaient les processions des enfants sans péchés. Elle posa son visage contre la vitre, d'où le vent du sud détachait les reliques de l'hiver, regarda longtemps, au-delà des couloirs de roseaux et des îlots d'ajoncs, les remous tour à tour nocturnes et ensoleillés de la rivière. Puis elle ferma les yeux, et je ne savais si, se croyant à nouveau dans un territoire de lagons, elle retrouvait sa capacité de songe ou venait dire adieu à ses désirs d'évasion et à ses rêves de départ vers des pays noyés.

La nuit tombait sur les marais, traversés par les lumières des lanternes des enfants des douars qui s'y aventuraient à nouveau en barque et, de canal en canal, d'îlot en îlot, semblaient vouloir prouver qu'ils régnaient sur les eaux avant de dominer les terres. Leurs reflets qui circulaient sur le plafond du compartiment nous donnaient l'illusion que la veilleuse recommençait à briller. Peut-être se rappelait-elle qu'approchait l'heure du couvre-feu ; ce n'était pourtant, désormais, qu'un moment plus sombre de la nuit, un cercle plus resserré de silence autour de la ville, un abandon plus radical des rues. Elle se leva, me prit la main, me sourit avec un air de hâte attendrie, comme si elle me demandait de lui pardonner de m'avoir emmené dans le wagon et de s'y être attardée. En descendant, elle écarta, de ses bras tendus, les arceaux de ronces d'où retombait le sable des tempêtes des derniers jours ; elle reconnaissait le moindre accident de terrain ou bifurcation de sentier, réussissait, malgré la nuit sans étoiles, à éviter les ornières approfondies par les orages d'hiver. Elle ne reculait pas devant la violence des chiens qui se jetaient contre le grillage de la maison du cheminot où une femme déposait une jatte de lait sur le rebord de brique rose, ne s'inquiéta pas, plus tard, de la voiture suspecte qui roulait près de nous dans les allées Bocca (car on n'imaginait plus qu'une voiture pût être innocemment conduite, tout ralentissement devait précéder un rapt ou une balle tirée à bout portant). Il y avait trop de détachement et d'assurance dans sa démarche pour que je ne me sente pas, à mon tour, invincible. Elle ne voulait pas qu'on crût qu'elle fuyait, adoptait un pas de plus en plus nonchalant et, au moment d'atteindre le seuil de la Maison, tardait — malgré les phares atténués de la voiture qui s'engageait dans la rue, l'écho de son moteur devenu à peine perceptible — à pousser la porte. Elle la laissa ouverte et, dans un défi muet qu'elle adressait à ceux qui, peut-être, la menaçaient, tourna sur elle-même au milieu du hall d'où émanait, à cause de l'abandon de la Maison, une vieille odeur de pelures d'oranges et de fleurs oubliées, de chiffons et de plâtre humides. Elle monta les marches avec lenteur, ramenant parfois les mains en arrière pour contenir sa douleur aux reins. Elle effleura, de son sac, le jaune pâle des gerbes de blé qui, seul, subsistait de la moisson peinte sur la paroi de l'escalier où les entailles, faites au canif par les enfants musulmans, avaient achevé d'abîmer les visages des pionniers qui, loin d'être illuminés par l'exaltation d'une mission évangélique et coloniale, paraissaient plutôt des cortèges de rescapés d'un cataclysme automnal, rendus exsangues par la malaria et condamnés à errer dans la brume d'une terre dévastée. Il y avait eu un temps où, s'arrêtant sur une marche, elle tentait de désincruster la poussière avec ses ongles et de ressusciter l'éclat noir des chevaux conduisant la diligence dans l'or du chemin. Mais peu lui importait, à présent, que les couleurs et les contours de la fresque disparaissent avec le souvenir flamboyant d'une conquête menée jadis par des hommes envers lesquels elle avait toujours éprouvé une répulsion instinctive — ayant autant d'aversion pour leur volonté de domination que pour les alibis de fraternisation et de fécondation des sols qu'ils s'étaient donnés.

Je l'aidai à se baisser pour prendre sur le paillasson le bouquet de bleuets cerclé de boutons-d'or et, enveloppé du torchon blanc, le plat empli de tuiles de miel que les sœurs Belkhacem y avaient déposé afin qu'elle se sentît moins seule à son retour. Elles n'avaient pas eu peur de venir du quartier musulman en traversant les allées Bocca et les terrains vagues du Stand où rôdaient encore les tueurs de l'O.A.S. Elle ouvrit la porte mais je n'osai pas la suivre et me tins immobile sur le seuil, en la regardant s'enfoncer dans le couloir tandis que la pluie étouffait au loin les youyous — de victoire, déjà — hurlés par les femmes arabes sur les terrasses du Village Nègre. Elle m'appela, me demanda de la rejoindre dans le salon. J'entrai ainsi, pour la première fois, dans l'appartement du nord, qui était, bien sûr, conçu sur un plan identique au nôtre, mais que j'avais, jusque-là, imaginé plus complexe, étendu et désert. Elle alluma la lampe à l'abat-jour de satin parme que lui avait offerte madame Vizzavona à la fin de la saison où elle l'avait aidée au magasin. Elle me fit comprendre, d'un signe à la fois las et complice de la main, qu'elle voulait que je demeure un peu à ses côtés. Puis elle s'assit dans un fauteuil, ouvrit largement le col de son chemisier et découvrit l'hématome qui m'apparut plus vaste que dans la pénombre du wagon. À moitié déchaussée, les jambes allongées au bord de la valise en cuir brun, son sac jeté sur le tapis, elle ressemblait à une voyageuse en transit, attendant, tandis qu'une averse de grêlons s'abattait sur les vitres, l'heure d'une correspondance dans une chambre d'hôtel et se laissant peu à peu envoûter — comme si elle pressentait que ce ne serait pas seulement pour elle un lieu d'escale et qu'elle pourrait y rester toute la vie — par l'odeur de palmiers, de latérite et de roses noyées d'une terre qu'elle aimait davantage que ce qu'elle aurait jamais imaginé.

Elle avait trouvé un petit emploi de vendeuse à la quincaillerie des frères Champetier. Ils avaient accepté de l'embaucher parce que, fidèles à leur tradition d'avarice, ils se flattaient de la payer « moins qu'une indigène », en même temps que sa réputation d'être « du côté des Arabes » leur garantissait, croyaient-ils, une protection de dernière heure qui leur permettrait — comme ils en avaient l'obsession — de « rester jusqu'au bout ». Il y avait très peu de clients : quelques hommes que la hantise d'une tuerie générale avait rendus maniaques et qui recherchaient des serrures de plus en plus solides ou sophistiquées pour barricader leurs portes. Elle descendait des étagères les boîtes de taquets ou de serrures avec l'aisance — à peine entravée par la douleur aux reins qui glaçait, quelques secondes, son sourire — dont elle avait fait preuve derrière le comptoir de la boutique du Louvre. Lorsque les dernières habitantes longeaient la vitrine en lui lançant des regards hostiles, elle les dévisageait avec une indulgence narquoise pour leurs fards outranciers de femmes qui s'efforçaient de masquer leur peur et, s'éloignant vers les allées Bocca, devenaient les sosies

117

hagards et désarticulés des mannequins qu'elles avaient joué à être lorsqu'en cette saison elles défilaient devant la villa du juge de paix en arborant leurs nouvelles tenues d'été.

Puis les frères Champetier l'exilèrent dans l'arrière-salle de la quincaillerie où elle fut chargée de peser, avant d'en inscrire les poids respectifs sur les livres de stocks, les petits sacs emplis de la limaille de fer dont, depuis des générations, ils s'étaient fait une spécialité dans tout le Constantinois. Elle étouffait dans ce réduit sans fenêtre ; à peine un vasistas à la tirette coincée par la rouille restait-il entrouvert sur une infime fraction de ciel assombri par les vapeurs de l'atelier qui fonctionnait encore. Elle en ressortait à la nuit tombante, voûtée et rendue presque aveugle par l'ampoule de faible voltage. Elle ne s'arrêtait, sur son chemin de retour, qu'à la fontaine du marabout pour y tremper les doigts et s'humecter le visage, puis elle venait s'asseoir en silence, à mes côtés, dans la cour déserte, regardant s'élever dans le ciel les fumées des garages, des entrepôts et des cuves de mazout qu'on incendiait dans la ville et aux alentours. Leurs ombres qui, en descendant, semblaient parfois nous séparer, se mêlaient peu à peu aux cercles de cambouis séché que monsieur Vizzavona, hypnotisé d'amertume, contemplait du haut de l'escalier, y voyant les preuves de la trahison d'une armée qu'il exécrait autant qu'il l'avait adorée : il la rendait seule responsable d'un désastre par lequel il ne se résignait pas à être bientôt emporté. Il n'émergeait de cet envoûtement de haine malheureuse que pour rudoyer sa femme qui passait ses journées à repérer ce qu'elle emmènerait en Métropole. Selon les moments, elle parcourait les pièces dans un élan de panique survoltée, ouvrait toutes les armoires avant de jeter pêle-mêle sur le sol chandails, manteaux et couvertures dont elle se jurait d'emplir les malles, comme si elle s'apprêtait à partir vers un pays où régnerait un éternel hiver. Ou bien elle s'agenouillait près d'une unique valise et, recroquevillée d'indécision, médusée de chagrin, pleurait sur cet « essentiel » que son mari lui recommandait de choisir et dont elle ne semblait pas comprendre ce qu'il signifiait.

Découragé, il paraissait ne pas s'être aperçu du retour de madame Arnoul à la Maison. Elle-même, d'ailleurs, demeurait insensible à tout : aux volets fermés, au claquement des portes des buanderies désertes sous le vent brûlant qui déportait les nattes des anciennes bonnes des Sage, aux cordes qui avaient fini par se rompre

sous les lessives multiples et bâclées, au crépitement de verre et de bois tordu par le feu qui,
désormais, représentait la seule rumeur de la
ville, à l'écho des fusillades qui éclataient pour
rien — au cours des ultimes randonnées
machinales que les assassins accomplissaient dans
des barouds d'horreur — et qui déchiraient
indifféremment un rideau de fer abaissé, une haie
de lauriers-roses ou le cœur d'un gamin. Elle
s'étonnait simplement, ne se rendant pas compte
que l'étude n'importait plus à mes yeux, que je
n'ouvre aucun livre ni cahier, que je ne fasse pas
le moindre problème. Car il n'y avait pour moi
d'autre addition que le décompte des balustrades
de la terrasse ou des lamelles rosâtres de la porte
de l'entrepôt que j'essayais, en cas d'adieu préci-
pité, d'imprimer dans ma mémoire, et celui des
minutes que je passais encore avec elle et dont je
pressentais qu'elles étaient les dernières.

IX

Les sœurs Belkhacem vinrent la chercher très tôt un matin. Elles profitaient sans doute du moment de l'aube où retombaient les flammes des incendies de la nuit, où l'on n'entendait que l'écho des poutres de la manufacture de tabac qui achevaient d'éclater au loin. En la voyant descendre l'escalier, encadrée par elles et tenant sa petite valise, je crus qu'elle me trahissait et partait sans moi en Métropole. Peut-être y avait-elle trouvé un « point de chute », comme le disaient alors, avec une envie découragée, ceux qui ne savaient vers où s'enfuir. Elle devinait mes pensées et hocha la tête pour me faire comprendre que je me trompais, à l'instant même où naissait un grondement : dans le ciel déjà gris de chaleur, ce n'était plus le D.C.3 d'Air Algérie mais l'ombre du premier des Bréguet deux-ponts réquisitionnés et des avions militaires qui, toutes les deux ou trois heures, allait atterrir sous les collines de cèdres brûlés pour emporter un contingent de la foule qui attendait dans le hangar de tôle depuis plusieurs nuits parfois — chacun tenant un carton où était inscrit son numéro d'embarquement. Elle me prit la main en passant, joignit mes doigts aux siens sur la poignée de la valise. J'eus l'illusion, en traversant le hall à ses côtés, qu'elle m'emmenait ; j'étais prêt à partir avec elle sans prévenir quiconque. Mais, arrivée sur le seuil de la Maison, elle détacha mes doigts de la poignée, se retourna brusquement et me souleva contre elle, juste le temps que je sente battre entre les attaches du cou, aussi fines que des archets de glace, des spasmes ténus — de larmes qui n'arrivaient pas à se former. Elle me dit, avec une tendresse précipitée, que je m'en sortirais, que pour cela, je ne devrais jamais m'arrêter de travailler. Elle me demanda de la laisser maintenant, de retourner dans la cour. Il fallait que je « garde le banc », ajouta-t-elle avec un sourire de regret qu'elle s'efforçait de rendre désinvolte. Elle s'éloigna très vite le long des murs des villas où les tessons n'étaient plus que les reliques d'une guerre finie, devancée par les sœurs Belkhacem qui — avec leurs corps jumeaux, rendus immenses par le volume redoublé dans le vent de leurs sarouals — semblaient former un rempart mouvant contre les balles des tueurs isolés.

Même si elle me l'avait interdit, je continuai à la suivre de loin. Elle se ramena bientôt à une silhouette emportée par les tourbillons de sable, de cendres, de poussière de latérite et de coucous que le sirocco arrachait sur les pentes des prés des Aurès et roulait sur les boulevards déserts. Elle marchait de plus en plus vite vers la gare, comme si elle craignait de manquer l'express de sept heures — celui qui nous emmenait l'été à Galbois, d'où ma tante Xavière venait de partir après qu'avaient brûlé les champs de figuiers, sa maison et son cirque de renards apprivoisés. Elle traversa la voie au passage à niveau dont la barrière levée et retenue par un unique gond semblait devoir se disloquer dans le vide à tout instant. En apercevant cette femme qui, dans son tailleur rose, paraissait courir vers un rendez-vous d'amour, les enfants du douar cognaient contre les vitres du wagon qu'ils avaient envahi ; les bourrasques ensoleillées qui faisaient étinceler les blasons d'acajou et leurs lévriers sculptés lui redonnaient l'éclat d'un train princier. Au moment où elle s'engageait sur le pont de fer qui marquait la frontière du Village Nègre, alors que les tourbillons de sable retombaient vers les crevasses de l'oued asséché où gisaient les anciens chariots à bagages, elle leva, sans se retourner, la main sur le côté. Ses doigts palpitaient dans la brume de sable comme des bouts de gants fantômes. Elle m'adressait un signe d'adieu, presque imperceptible, comme si elle avait su que je la suivrais jusqu'au bout et me demandait en silence de lui pardonner de m'abandonner ainsi, de cesser d'être à mes yeux cette autre mère que j'avais longtemps accompagnée et aimée. Elle passait de l'« autre côté », maintenant, disparaissait dans l'ombre des ruelles du quartier musulman. Si toutes les portes en étaient fermées, ce n'était plus par crainte de rafles ou de représailles, mais pour protéger le secret de la fête que l'on préparait dans les cours intérieures — avec le raclement sur les dalles des bassines de métal que l'on amenait vers les fours, le cliquetis des tambourins de fantasia que l'on ressortait, les couplets de chants patriotiques repris de maison en maison dont la blancheur semblait accentuée par les rumeurs de liberté et de victoire. Puis une des sœurs Belkhacem revint sur ses pas et, presque affolée, agita le bras pour me signifier que je ne devais pas m'aventurer plus loin. Je restais là, pourtant, au début du pont de fer, essayais de deviner dans quelle maison elle avait pénétré, entre quels murs elle allait vieillir, perdant les dernières tonalités de son accent d'Alsacienne, apprenant, à son tour, à confectionner les tuiles de miel, à broder les haïks en laine de soie et achevant de se fondre — quand elle monterait vers le Village Blanc — dans un pays qu'elle avait aimé autant que ceux qui en partaient.

Quand je rentrai de la gare, il n'y avait dans le désert des allées Bocca — jonchées par les branches noircies des orangers de la villa du juge de paix qui brûlaient — que la silhouette du vieux jardinier de l'Établissement de la route de Lambèse. Agenouillé près d'une plate-bande, il essayait d'en détacher des poignées d'argile durcie avant de se relever et de les lancer au hasard vers les palmiers, le ciel ou l'ombre d'un avion. Il pleurait, ne savait pas s'il devait adorer ou maudire cette terre qui, en retombant, l'aveuglait. Je traversai l'aire de la Boule batnéenne où roulait une bouteille d'anisette qui avait basculé, sans se briser, du comptoir de la buvette. Au bout de la rue Carnot, le propriétaire du Régent, une valise à chaque main, se tournait, une dernière fois, vers les portes de son cinéma et l'affiche où l'on distinguait encore la bande écarlate « en première exclusivité » qui la surplombait.

Madame Arnoul avait laissé ouverte la porte de l'appartement du nord, comme si elle s'était attendue à ce que j'aille toucher la mappemonde dont les couleurs, qui avaient été, un temps, les seules de sa vie, semblaient se confondre sous la lampe demeurée éclairée. J'arrivai à tourner la clef, que j'avais crue bloquée, dans le dos du lapin de peluche. Il n'y avait plus de son, mais les baguettes se remettaient à bouger, à s'incliner, rencontraient la surface du tambour avec infiniment de douceur : on eût dit celles d'un musicien attristé d'accomplir le dernier pas, l'ultime geste d'une parade qu'il avait répétée des mois entiers et dont il regrettait qu'aucune trace visuelle ne fût gardée. Mais soudain — au moment où je le replaçais sur la table — jaillirent quelques notes isolées, aussi printanières et joyeuses que le matin où, dans la boutique du Louvre, elle avait déposé le jouet sur le comptoir avec un ravissement inquiet, comme pour l'offrir à l'enfant qui aurait couru vers elle en pronon-çant ce mot de « maman » qu'elle n'avait jamais entendu.

X

La cour m'appartenait. Mais c'était pour rien.
Presque tous étaient partis — chaque fois, en
secret, avant la fin de la nuit. Les Sage, puis les
Vizzavona avaient juste, la veille, prononcé quelques mots d'adieu dans l'ombre de la terrasse et
murmuré le nom de la ville de France où ils se
résignaient à partir. Plus aucune silhouette ne se
profilait derrière les vérandas où de longs sillons
de poussière s'incrustaient déjà. Il ne restait, à la
Maison, que la vieille madame Victor que ses
enfants n'avaient pas réussi à convaincre
d'embarquer à Bône avec eux (seul son fils cadet
demeurait à ses côtés, guettant le moment où,
endormie, épuisée, elle se laisserait emmener à
son insu). Elle voulait mourir ici, rivée à sa chaise
de paille dans la pénombre de l'appartement du
bas, qu'elle n'éclairait plus jamais. Elle

n'accomplissait d'autre geste que celui d'actionner le bras du pick-up où — le volume maintenu au plus haut — elle repassait sans arrêt : « Non, rien de rien... Non, je ne regrette rien... », cette chanson qui, à chaque reprise, me faisait trembler et me donnait l'impression que j'avais déjà vécu toute une vie.

La voix d'Édith Piaf habitait seule la Maison, devenue une place forte vide qu'on désarmait. Les enfants musulmans, qui envahissaient peu à peu le quartier, achevaient de retirer les tessons sur le sommet des parois, s'escrimaient, à coups de silex, à extraire du ciment le moindre bout de verre avant de glisser vers les jardins des villas abandonnées. Ils s'installaient dans les hamacs ou s'immergeaient dans les massifs de roses et de dahlias dont, jusqu'ici, ils n'avaient capté que les effluves en passant sous les murs des parcs et des maisons qui leur étaient interdits. Ils ne forçaient les portes-fenêtres que pour s'aventurer, avec une curiosité envieuse et encore intimidée, dans le désert sombre des pièces. Se surveillant mutuellement pour s'interdire de commettre le moindre acte de vandalisme, ils osaient à peine fouler les tapis et toucher les tableaux. Les plus hardis dérobaient un ou deux chapeaux parmi les collections de panamas dont les Européens changeaient dès qu'ils étaient un peu fanés. Tandis que les fillettes se juchaient sur les talons aiguilles qu'elles découvraient dans les armoires et en martelaient les dalles des vérandas, imitant les allées et venues impatientes et hautaines des anciennes propriétaires quand elles s'indignaient que les bagagistes n'emportent pas assez vite leurs valises de vacances.

En fermant les yeux, je m'imaginais que c'était une veille d'été comme une autre, que je pourrais aller m'étendre dans les nappes de sable sur la terrasse, que madame Arnoul, qui aurait fait un faux départ, apparaîtrait bientôt, nue sous son peignoir. Elle emplirait une bassine d'eau glacée avant de venir la répandre sur ma peau, en fredonnant ce mot de « transatlantique » qui nous ferait à nouveau rêver de paquebots aux ponts aussi larges que des boulevards, et de sommeils frais, l'après-midi, dans l'ombre de cabines aux parois de verre satiné. Mais ma rêverie ne durait pas longtemps ; j'entendais les halls des immeubles du Stand raclés par les pieds des meubles qu'on sortait pour des braderies précipitées. Les trottoirs étaient encombrés de consoles, de coiffeuses dont les miroirs brûlaient et de lampes si étincelantes au soleil qu'elles paraissaient allumées en plein midi. Les derniers habitants du quartier — surtout pour se prouver à eux-mêmes qu'ils « ne leur laissaient pas tout cela pour rien » — les vendaient à la sauvette, récoltaient quelques billets qu'ils prenaient très vite, en s'abstenant de les compter, pour couper court à leur humiliation désemparée, avant de monter dans les voitures aux toits recouverts de valises. Quelques musulmans les entouraient en formant des rondes maladroites et tristes comme pour les empêcher de partir. Dénués de toute arrogance rancunière, ils semblaient s'étonner eux-mêmes d'éprouver de la pitié pour ceux qui n'en avaient jamais manifesté à leur égard ; ils pardonnaient les brimades qu'ils avaient subies par le passé, et oubliaient qu'on ne leur avait jamais distribué, dans des gestes de charité bâclée, que des restes de festins de baptêmes ou de communions solennelles.

Plus personne ne traversait la cour. Mais un après-midi, le battant du porche, avec sa « serrure spéciale » cassée qui menaçait de se décrocher à chaque saccade de vent, grinça. C'était Mohammed Khair-Eddine qui s'avançait, à la fois gêné et rayonnant d'orgueil comblé. Malgré la fournaise de juin, il portait à même la peau le pull-over à losanges jaunes et noirs que je lui avais donné le soir où il était venu travailler à la

Maison. Il ne me dit rien d'abord, se contenta de sortir de sa poche et de me tendre, pour que je la garde, une photographie : nous étions côte à côte, devant le portail de l'école, un matin où il commençait à neiger sur les Aurès. « Avec qui je vais me battre maintenant ?... » me dit-il avec une lassitude qu'il n'arrivait pas à rendre ironique, comme s'il avait escompté que notre antagonisme amical durerait toute la vie. Peut-être redoutait-il aussi d'être emporté par la marée de fête et que le tumulte de l'indépendance ne s'éternisât, l'empêchant de goûter à nouveau au calme de cérémonie secrète de ses nuits d'étude. J'étais sûr — lui dis-je — qu'un jour il jouerait un rôle important dans le gouvernement de son peuple, qu'il occuperait de hautes fonctions, mais il leva vers moi un regard de clairvoyance attristée — devinant peut-être, déjà, les dérives, les intolérances et les amnésies d'une société nouvelle à l'écart de laquelle il se plaçait d'avance. « Pourquoi vous partez ?... On ne vous fera pas de mal... », s'exclamait-il, presque désespéré, maintenant. « On ne vous fera pas de mal... », répétait-il, en se balançant de droite à gauche devant moi, comme pour faire écran à l'écho des clameurs de victoire qui s'élevaient de toutes les artères de la ville. Alors que je demeurais silencieux, il me prit dans ses bras pendant quelques secondes, dans une étreinte gauche, sèche, bouleversée, puis il se retourna brusquement pour que je ne le visse pas pleurer et s'éloigna en me criant « Au revoir », d'une voix enrouée — celle qu'il avait lorsque, les matins d'hiver, il arrivait dans sa chemisette en coton, un bout de tissu, en guise d'écharpe, noué autour du cou. Juste avant de quitter la nuit du porche et de s'engager dans la lumière de la rue, il me lança, cette fois sur un ton très posé, presque solennel, paraissant ainsi me transmettre les paroles d'un ancêtre : « Vos morts... on n'y touchera pas... » On eût dit qu'il était suivi par les ombres des camarades qui avaient succombé dans l'escalier du Régent. Ils marchaient à la cadence de la parade de la fête sportive, tenaient haut les cerceaux, souriants et frêles dans leurs chaussons blancs et leurs tuniques bleues, avec juste quelques empreintes rouges sur le front et à la place du cœur comme si, au cours des répétitions, ils s'étaient un peu blessés en sautant du tremplin ou de l'espalier. Ils n'avaient pas à redouter quoi que ce fût : il continuerait à veiller sur eux qui, après cette exhibition à travers le Stand, s'étendraient à nouveau en fermant les yeux comme dans la paix d'un gymnase secret, enterré sous les vagues de sirocco.

Oui, pourquoi partirions-nous, sinon par mimétisme d'une peur collective que nous n'arrivions pas à éprouver ? Ma mère reculait d'ailleurs le moment de descendre les valises du haut de l'armoire, me demandait simplement parfois — dans le recensement mental de ce qui nous serait le plus utile « là-bas » — s'il y avait deux ou trois choses que je tenais à emporter. « Rien », lui répondis-je, à part, peut-être, les brochures des films du Régent « en avant-première ». J'avais songé à prendre le lapin en peluche mais je préférais le laisser pour que madame Arnoul le retrouvât si elle revoyait un jour l'appartement que personne n'appellerait plus jamais l'« appartement du nord ». Mais, le même soir, on frappa à la porte. C'était un ouvrier qui, presque timidement, annonçait à mon père que la minoterie serait nationalisée, le lendemain, et qu'à partir de huit heures, il ne serait plus autorisé à y entrer. Il resta là, abasourdi de tristesse dans la nuit du palier, alors que l'ouvrier redescendait l'escalier en baissant la tête comme s'il venait de commettre une faute. Puis mon père partit vers la minoterie, sous prétexte qu'il devait y « récupérer » quelques affaires. Bien que madame Lleu, la propriétaire, lui eût adressé — de Vichy, où elle résidait depuis quelques

133

mois — une lettre dans laquelle, en l'absence de monsieur Vizzavona, elle l'intronisait « directeur », s'assurant ainsi que quelqu'un au moins protégerait jusqu'au bout son usine du pillage, il demeurait ce simple employé qui faisait, une dernière fois, le tour des salles de machines arrêtées, tâtonnait le long des cuves où un peu de mazout achevait de tiédir, parcourait les entrepôts au hasard et plongeait parfois la main dans un sac de vieille semoule, sans la secouer ensuite, afin que sa peau en restât imprégnée. Dans le bureau, il ouvrait puis refermait machinalement le registre des comptes, tournait et retournait entre ses doigts un crayon, une gomme, murmurait une phrase en arabe, en reprenait la litanie comme s'il voulait, avant tout, retenir la musique d'une langue qu'il aimait et dont il n'était pas sûr de garder le vocabulaire en mémoire. Puis il longea, à plusieurs reprises, le comptoir avec l'air de compassion embarrassée qu'il avait lorsqu'il n'osait pas immédiatement transmettre la plainte d'un ouvrier à monsieur Vizzavona. Il cessa enfin de se déplacer, agrippa les mains au rebord de la table et se pencha vers le grand calendrier, pleurant sur les cercles d'encre rouge dont il avait entouré les dates des fêtes arabes où il procédait aux distributions gratuites de semoule.

Ce fut en rentrant de la minoterie qu'il décida que nous partirions, le lendemain matin, à huit heures, non pas en avion car il aurait eu l'impression de s'en aller « comme un voleur », mais en voiture. Il pourrait ainsi traverser, une dernière fois, la plaine du Constantinois où il était né, évaluer, en roulant au bord des champs de blé, leur degré de maturité, prévoir le jour exact — qu'il ne verrait pas — où ils seraient coupés. Ma mère commença son repassage, se concentrant sur chaque pli de nos tenues d'été pour que nous fussions impeccables et évitions de donner sur nous-mêmes la moindre impression de débâcle. Il y avait un tel silence, ce soir-là, dans la Maison autour de nous. Même madame Victor n'actionnait plus le bras du pick-up pour écouter la chanson de Piaf et dormait près de son fils qui avait renoncé à la convaincre d'embarquer à Bône. Elle était certaine — lui avait-elle répété — que son cœur s'arrêterait de battre dès qu'elle se retrouverait sur la passerelle du navire. Protégé par la masse de son corps inconscient et inondé de sueur, il finissait par ne plus avoir peur, prêt à passer avec elle le cap du 1er Juillet. Le visage de madame Victor ne s'animait que lorsque le vent lui amenait un écho de fête. Peut-être croyait-elle qu'on allait la transporter au milieu de la cour — comme le soir de la communion où elle y trônait, telle une reine impotente à laquelle on apportait, de temps en temps, des miettes de nougats ou une larme de champagne.

Les valises déjà fermées s'alignaient dans le couloir. Nous restâmes éveillés toute la nuit, étendus dans le même lit, et tournés ensemble vers la fenêtre ouverte sur la nuit. Nous voulions que la mémoire de ces derniers instants à Batna fût la plus unie possible, que chacun pût vérifier, plus tard, auprès de l'autre, l'exactitude de ses ultimes impressions : les bouffées de jasmin et d'orge brûlé, de miel cuit et d'étoffes teintes, de safran envolé des sacs qu'on sortait du bazar Dellys illuminé, tandis qu'apeurés par les salves ou les chants de triomphe, les oiseaux du désert, après s'être posés sur le toit du Régent, venaient — en nous laissant l'odeur aigre de leurs plumes mouillées dans l'eau des citernes — raser notre balcon comme pour nous dire adieu.

C'était l'aube du 1ᵉʳ Juillet. Ma mère m'avait demandé de rester sur la galerie, en attendant qu'elle eût fini d'ajuster dans sa chambre les plis du couvre-lit, de vérifier si aucun des bourrelets de tissu, qui protégeaient les pièces de l'invasion de sable, ne s'était décloué, et de tirer tous les rideaux comme si nous devions revenir en septembre. Je réussis à échapper à son attention et à me glisser dans la cour. J'allai m'asseoir sur le banc. La brume se levait ; l'air était frais ; les drapeaux de l'indépendance étaient si nombreux à flotter autour de la Maison que le ciel en devenait presque vert. Les cercles de cambouis achevaient de s'effacer sur le sol que le vent de sable avait blanchi. Il semblait que c'était à nouveau un matin de paix, que, dans quelques minutes, les lumières de Driss Amor allaient s'éteindre sous la forêt de cèdres ; que les mines de sel d'El-Melah et les falaises de la montagne d'albâtre se mettraient à étinceler ; que revenait le moment où je devais réviser la dernière leçon de l'année ; que madame Arnoul descendrait pour venir non plus m'encourager à travailler mais m'inciter à profiter de l'oisiveté un peu émue des matins libres qui précédaient la distribution des prix où elle m'accompagnerait.

Mais ma mère m'appelait, dans un cri immense et implorant qu'elle éternisait comme si elle voulait en inscrire la trace sur la moindre pierre de la Maison. Quand il s'éteignit enfin, j'entendis le claquement du capot de la voiture que mon père refermait sur nos trois valises. J'eus à peine le temps, avant de me lever, de détacher de la surface du banc deux ou trois échardes que je tiendrais serrées entre mes doigts sur le pont du navire. Je traversai la cour en essayant de ne pas me retourner. Mais, au moment où je commençais à monter l'escalier de droite, il me semblait que j'étais retenu par les ombres de tous ceux qui, arrivant du Village Nègre, allaient, dans quelques jours à peine, habiter la Maison. Peuplant les vérandas, ils se mettraient à discuter à longueur de nuit sur les terrasses, à rire, à s'aimer dans les buanderies, à rêver sur les galeries — éblouis par le vent de neige ou le ciel étoilé de la nuit du destin —, tandis que les gamins envahiraient la cour et viendraient, essoufflés par leurs poursuites ou les parties de noyaux d'abricots, s'asseoir à leur tour sur le banc où j'étais déjà ce que je n'ai jamais cessé d'être depuis, en dépit des gaietés de circonstance, des orgueils de comédie et des éventuelles sagesses glanées comme autant de fausses décorations de la vie : un enfant perdu.

HAUTE ENFANCE

Composition Euronumérique.
Reproduit et achevé d'imprimer
par l'Imprimerie Floch
à Mayenne, le 19 juin 1995.
Dépôt légal : juin 1995.
1er dépôt légal : janvier 1995.
Numéro d'imprimeur : 37878.

ISBN 2-07-074046-3 / Imprimé en France.

73847